Silvia Mustert | Christof Vetter

Engagiert Evangelisch

Zehn Jahre einer Bischöfin

Silvia **Mustert** | Christof **Vetter**

Engagiert Evangelisch

Zehn Jahre einer Bischöfin

Mit zahlreichen Beiträgen von Margot Käßmann

LVH

Bibliografische Information Der Deutschen Nationalbibliothek

Die Deutsche Nationalbibliothek verzeichnet diese Publikation
in der Deutschen Nationalbibliografie;
detaillierte bibliografische Daten sind im Internet über
http://www.d-nb.de abrufbar.

www.lvh.de

Gesamtgestaltung: Sybille Felchow, she-mediengestaltung, Hannover
Druck und Bindung: MHD Druck und Service GmbH, Hermannsburg

ISBN 978-3-7859-1029-0

Printed in Germany

FSC www.fsc.org MIX Papier aus verantwortungsvollen Quellen FSC® C019225

Print CO2 kompensiert Ident-Nr. 106024

»Ich war mehr als zehn Jahre mit Leib und Seele Bischöfin«

Alle nicht namentlich gezeichneten Beiträge sind in langen Diskussionen von Silvia Mustert und Christof Vetter gemeinsam geschrieben worden.

KAPITEL 1

Aufrecht gehen

Aufrecht gehen

Die Türen des dunklen Phaetons öffnen sich. Groß gewachsene Männer in dunklen Anzügen weisen die Meute der Fotografen zur Seite. Blitzlichtgewitter. Manche der Kameraleute schimpfen laut, weil andere ihnen den besten Blick, die schönste Perspektive versperren. Die Männer in den dunklen Anzügen bleiben ruhig und gelassen, als wären sie diesen Aufstand der Kameras gewohnt. Nicht in Hollywood und auch nicht auf irgendeinem roten Teppich in Berlin spielt sich die Szene ab, sondern im beschaulich ruhigen Hannover am Rand der Herrenhäuser Gärten, wo seit Jahrhunderten Könige und Bürger nach Ruhe und Besinnung suchen. Daran ist in diesem Moment nicht zu denken, der Kampf um die beste Kameraposition hat begonnen. Gleichzeitig ist ein Weg zu bahnen, der den Zutritt zum Kirchenamt der Evangelischen Kirche in Deutschland (EKD) ermöglicht.

Aus der Limousine steigt keine Filmdiva und kein leuchtender Stern der Popmusikbranche, sondern die Bischöfin der Evangelisch-lutherischen Landeskirche Hannovers und Vorsitzende des Rates der EKD, Margot Käßmann. Sie hat Verantwortung übernommen und diese gelebt – zuletzt in ihrer wenig überraschenden, aber dann doch medial aufgebauschten Kritik am Einsatz deutscher Soldaten am Hindukusch: „Nichts ist gut in Afghanistan“. Vor weniger als zwei Stunden ist die Pressekonferenz angesetzt worden, zu der sie jetzt geht. Der große Sitzungssaal im Kirchenamt, wo sonst Kirchenkonferenz und Rat tagen, ist zum Bersten gefüllt. Alle großen Fernsehsender, Nachrichtenagenturen, zahlreiche Tageszeitungen haben sich in kürzester Zeit alarmieren lassen: „Margot Käßmann gibt eine Pressekonferenz“. Es ist der 24. Februar 2010, gerade mal 120 Tage, nachdem Margot Käßmann in Ulm zur Vorsitzenden des Rates der EKD gewählt wurde und von Synodalen und Medien zum Amtsantritt begeistert gefeiert wurde. An diesem Morgen hat eine der hannoverschen Tageszeitungen in großen Lettern

» Vielleicht bin ich verzweifelt
vielleicht geht es mir schlecht
doch du wirst sehn
jetzt werde ich erst recht –
Aufrecht gehn
aufrecht gehn. «

Aus dem Lied „Aufrecht geh'n"
von Mary Roos, 1984

Amt und Autorität beschädigt

Am vergangenen Samstag habe ich einen schweren Fehler gemacht, den ich zutiefst bereue. Auch wenn ich ihn bereue und mir alle Vorwürfe, die in dieser Situation berechtigterweise zu machen sind, immer wieder selbst gemacht habe, kann und will ich nicht darüber hinwegsehen, dass das Amt und meine Autorität als Landesbischöfin sowie als Ratsvorsitzende beschädigt sind.

Die Freiheit, ethische und politische Herausforderungen zu benennen und zu beurteilen, hätte ich in Zukunft nicht mehr so, wie ich sie hatte. Und die harsche Kritik, etwa an einem Predigtzitat wie „Nichts ist gut in Afghanistan", ist nur durchzuhalten, wenn persönliche Überzeugungskraft uneingeschränkt anerkannt wird.

Margot Käßmann

getitelt: „Ist Käßmann noch zu retten?" Die Nachrichten haben sich überschlagen. Es ist Mittwoch – und am Samstag davor ist es geschehen: Margot Käßmann fährt in der Nacht ihren Dienstwagen und übersieht eine rote Ampel. Die Polizisten, die ihr bis zur Garage folgen, veranlassen eine Blutprobe. Den gemessenen Wert erfährt Margot Käßmann am nachfolgenden Dienstag aus den Medien: 1,54 Promille. Fahruntauglich! Und doch am Steuer gesessen! „Am vergangenen Samstagabend habe ich einen schweren Fehler gemacht, den ich zutiefst bereue. Aber auch wenn ich ihn bereue und mir alle Vorwürfe, die in dieser Situation berechtigterweise zu machen sind, immer wieder selbst gemacht habe, kann und will ich nicht darüber hinwegsehen...". Mit diesen Worten wird sie ihre Erklärung beginnen.

» Ist Käßmann noch zu retten? «

Titel der Neuen Presse, Hannover, am 24. Februar 2010

Damit endet tagelanges Grübeln und Nachdenken. Wie oft mag sie in den letzten Stunden an das Blitzlichtgewitter nach ihrer Wahl zur Ratsvorsitzenden gedacht haben? Wie oft sich die Frage gestellt haben, wie schwer persönliche Verantwortung wiegt gegenüber derjenigen, die ihr in einem eindeutigen Votum der EKD-Synode übertragen worden ist? Die 1,60 Meter große, zierliche Frau geht aufrecht neben den Männern im dunklen Anzug: hellgraues Kostüm – kein Bischofskreuz, sondern am Revers nur das kleine Ansteckkreuz, das die hannoverschen Pastorinnen und Pastoren tragen. Ein Kameramann bekommt über Funk die Anweisung aus der Regie: „Geh auf die Augen!" Seine trockene Antwort: „Da ist nichts zu holen." Margot Käßmann ist ganz bei sich. Für sich hat sie sich entschieden und sie geht nun diesen Weg. Neben ihr gehen Menschen, die sie die letzten Stunden begleitet haben, und mit denen sie, wie sie selbst später erzählen wird, zum Schluss nicht mehr geredet hat. Sie hat eine einsame Entscheidung getroffen – um ihres Amtes und ihrer Kirche willen. Aber auch, weil es ihrem Bild von sich selbst entspricht.

Zielstrebig zieht es sie an den Platz vor der grauen Wand mit dem Zeichen der EKD. Verdeckt sind die Ge-

mälde, die die biblische Geschichte vom vierfachen Acker erzählen. Farbenfroh und unsortiert wirken allein die zahlreichen Mikrophone, die vor ihr auf dem Tisch stehen. Das Blitzlichtgewitter nimmt kein Ende – und sie schaut geraden Blickes in die Kameras. Kein Zögern, kein Zaudern, nicht einmal ein Zwinkern.

„Bleibe bei dem, was dir dein Herz rät." Auf diesen Bibelvers (*Jesus Sirach 37,17;* dort geht es weiter: „denn du wirst keinen treueren Ratgeber finden.") habe sie ein Ratgeber in den letzten Tagen hingewiesen. Ob Herz, Verstand oder Bauchgefühl, ihre Entscheidung ist gefallen, und die wird sie nun öffentlich aussprechen. So wie sie ihr Bischöfinnenamt immer als öffentliches Amt verstanden hat: „Mein Herz sagt mir ganz klar: Ich kann nicht mit der notwendigen Autorität im Amt bleiben." Deshalb ist für sie klar: „Hiermit erkläre ich, dass ich mit sofortiger Wirkung

» Du kannst nicht tiefer fallen
als nur in Gottes Hand,
die er zum Heil uns allen
barmherzig ausgespannt. «

Arno Pötzsch,
Evangelisches Gesangbuch 533

Ich erkläre meinen Rücktritt

Einer meiner Ratgeber hat mir gestern ein Wort von Jesus Sirach mit auf den Weg gegeben: „Bleibe bei dem, was dir dein Herz rät". Und mein Herz sagt mir ganz klar: Ich kann nicht mit der notwendigen Autorität im Amt bleiben. So manches, was ich lese in den letzten Tagen, ist mit der Würde des Amtes nicht vereinbar. Aber mir geht es neben dem Amt auch um Respekt und um Achtung vor mir selbst und um meine eigene Geradlinigkeit, die mir viel bedeutet.

Hiermit erkläre ich, dass ich mit sofortiger Wirkung von allen meinen kirchlichen Ämtern zurücktrete. Ich war mehr als zehn Jahre mit Leib und Seele und sehr gerne Bischöfin, und habe auch all meine Kraft in dieses Amt gegeben. Ich bleibe Pastorin der hannoverschen Landeskirche. Ich habe 25 Jahre nach meiner Ordination vielfältige Erfahrungen gesammelt, die ich gerne auch in Zukunft an anderer Stelle einbringen werde.

Margot Käßmann

von allen meinen kirchlichen Ämtern zurücktrete. Ich war mehr als zehn Jahre mit Leib und Seele und sehr gerne Bischöfin, und habe auch all meine Kraft in dieses Amt gegeben." Kein Zittern in ihrer Stimme, als sie den entscheidenden Satz ausspricht, der in diesem Moment über alle Agenturen gesandt wird. Kein Zaudern spiegelt sich in diesem Augenblick in ihrem Gesicht, ein Augenblick, der an diesem Tag noch hundertfach von allen Fernsehsendern ausgestrahlt werden wird. Der Dank an ihre vier Töchter – sie sitzen regungslos in der ersten Reihe. Und der Dank an ihr Team aus der Bischöfinnenkanzlei – sie stehen am Rand und Tränen laufen den Vieren übers Gesicht.

„Zuallerletzt: Ich weiß aus vorangegangenen Krisen: Du kannst nie tiefer fallen als in Gottes Hand, und für diese Glaubensüberzeugung bin ich auch heute dankbar." Sie dankt für die Aufmerksamkeit. Beifall – und nicht nur die zur Pressekonferenz geeilten Mitarbeitenden des EKD-Kirchenamtes als Zaungäste einer medialen Inszenierung klatschen. Irgendwo in den hinteren Reihen sitzen verstreut Präsidenten und Vizepräsidenten beider Kirchenämter, dem der EKD und dem der Landeskirche. Sie schweigen. Ratlosigkeit ist ihnen ins Gesicht geschrieben. Die Stimmung kam einer Trauerfeier gleich, wird Claus Röck vom NDR die Situation anschließend beschreiben: „Man gab sich die Hand und schaute sofort betreten zu Boden." Und Bernd Buchner von „evangelisch.de" kommentiert unter der Überschrift „Kurzschlusshandlung mit Langzeitfolgen": „Der Himmel ist schwarz geworden in Hannover. Es ist niemand gestorben. Doch es ist, bei aller Verhaltenheit, ein unendlich großer Verlust. Der in seinem ganzen Ausmaß an diesem Tag vielleicht noch gar nicht richtig spürbar ist. Margot Käßmann stand nur 120 Tage an der Spitze der EKD. Aber elf Jahre war sie Bischöfin ihrer Landeskirche. Nun wird sie wieder einfache Pfarrerin. Was bleibt? Wir werden noch einmal hinausgehen, in die Nacht von Hannover. Mit Fragen, die nicht gleich eine Antwort brauchen."

Margot Käßmann steht auf, würdigt die Journalisten keines Blickes, mit denen sie sonst oft und gern zusammengestanden und über Gott und die Welt gefachsimpelt hat. So aufrecht, wie sie gekommen ist, verlässt sie den Ort, an dem sie eigentlich in den kommenden fünf Jahren die Sitzungen der Kirchenkonferenz und des Rates hätte leiten sollen. Reporter treten vor ihre Kamera und versuchen zu erklären und zu interpretieren, was gerade geschehen ist. Gefasst sei sie gewesen, wird da noch einmal berichtet. Margot Käßmann habe den Eindruck gemacht, mit sich selbst im Reinen zu sein. „Das ist schon eine riesengroße Lücke," die Margot Käßmann hinterlasse, spricht Thorsten Hapke von der ARD in die Kamera der Tagesschau: „Sie war einfach jemand, der wie kein anderer Glauben in Worte fassen konnte, in einfache Worte." Der Abschiedsstimmung geschuldet die Sprachform der Vergangenheit des Live-Reporters. Sie habe die Menschen nicht mit theologischen Phrasen angesprochen, sondern mit ehrlichen Aussagen. Dass Margot Käßmann auch ohne bischöfliches Amt öffentlich das Wort erheben wird, konnte sich in diesem Moment keiner vorstellen. Das hat sich erst drei Monate später gezeigt: zurück in ihrem Revier.

Mein Dank

Es tut mir leid, dass ich viele enttäusche, die mich dringend gebeten haben, im Amt zu bleiben. Und die mich auch vertrauensvoll in meine Ämter gewählt haben. Ich danke allen Menschen, die mich so wunderbar getragen haben in diesen letzten Tagen mit Grüßen, E-Mails, SMS und auch Blumen, die alle meiner Seele sehr, sehr gut getan haben. Dem Rat der EKD danke ich besonders, dass er mir gestern Abend ausdrücklich das Vertrauen ausgesprochen hat. Ich danke allen Mitarbeiterinnen und Mitarbeitern der hannoverschen Landeskirche und der EKD, die mich haupt- und ehrenamtlich unterstützt haben. Insbesondere danke ich meinem allerengsten Team, das mir in so manchem Sturm die Treue gehalten hat. Ich danke allen Freundinnen und Freunden, allen guten Ratgebern, auch in diesen Tagen, und ich danke meinen vier Töchtern, dass sie diese Entscheidung so klar und deutlich mittragen und heute auch hier mit anwesend sind, was nicht selbstverständlich ist.

Zuallerletzt: Ich weiß aus vorangegangenen Krisen: Du kannst nie tiefer fallen als in Gottes Hand, und für diese Glaubensüberzeugung bin ich auch heute dankbar.

Margot Käßmann

KAPITEL 2

1999 – Eine junge Mutter wird Bischöfin

1999 – Eine junge Mutter wird Bischöfin

Ulrike Millhahn, Chefredakteurin

Alle Blicke sind an diesem Mittwochnachmittag aufs Rednerpult gerichtet. Am Mikrofon im großen Mutterhaus-Saal der hannoverschen Henriettenstiftung steht Margot Käßmann, um sich von ihrer Landessynode zu verabschieden. Oder wird sie vielleicht doch ihre erneute Kandidatur ankündigen? Eine Initiative der Kirchenbasis will ihre vor drei Monaten zurückgetretene Landesbischöfin ins Amt zurückholen. Gleich wird sie sich dazu äußern. Dieser 2. Juni 2010 ist fast ein Déjà-vu-Erlebnis: Auf den Tag, ja beinahe auf die Minute genau vor elf Jahren hat hier der viertägige Wahl-Krimi um das Bischofsamt der größten evangelischen Landeskirche in Deutschland begonnen.

Ausgerechnet in der konservativen hannoverschen Kirche mit rund 3,3 Millionen Mitgliedern schafft die so jugendlich wirkende Frau mit dem flotten Kurzhaarschnitt den Sprung in den bischöflichen Chefsessel. Es ist die liberale Gruppierung „Gruppe Offene Kirche" im Kirchenparlament, die nach der Ruhestandsankündigung von Bischof Horst Hirschler im Herbst 1998 eine Frau als Kandidatin für das Amt einfordert. Eine Bischöfin gibt es in Deutschland bisher nur in Hamburg mit Maria Jepsen.

Der Name Käßmann fällt schnell. Die 40-jährige verheiratete Mutter von vier Töchtern ist als Generalsekretärin des Deutschen Evangelischen Kirchentages in Fulda für einige bereits eine bekannte Größe – persönlich kennt sie allerdings kaum einer in Hannover. Umgekehrt verhält es sich ähnlich. Margot Käßmann muss erst einmal herzlich lachen, als sie im Februar 1999 hört, dass ihr Name gehandelt wird. Die Vorstellung, dass ausgerechnet sie für ein solches Amt in Frage kommen soll, scheint ihr fremd bis komisch.

„Ich kannte die Landeskirche gar nicht, nicht einen Menschen in Hannover", erinnert sie sich. Einige Freunde warnen sie vor den starren Strukturen dieser Kirche, andere sprechen ihr mit einem gewissen Galgenhumor Mut zu. Es sei ja eh unwahrscheinlich, dass ausgerechnet die Hannoveraner sie wählen. Mit ihrer Kandidatur könne sie aber ein Zeichen setzen, dass es in der Kirche durchaus kompetente Frauen gibt. Weil sie genau davon zutiefst überzeugt ist, willigt sie schließlich ein – vorher vergewissert sie sich allerdings, keine Zählkandidatin zu sein.

Das war sie noch nie, denn Margot Käßmann lernt von klein auf, für ihr Leben verantwortlich zu sein. Sie sei „fast in einem Frauenhaushalt" aufgewachsen, beschreibt sie ihre Kindheit. Ihr Vater, ein gelernter Kfz-Schlosser, ist häufig berufsbedingt abwesend. Sie hängt sehr an ihm. Allerdings: „Geprägt haben mich meine Großmutter, meine Mutter und meine beiden älteren Schwestern." Ein Bruder ist bereits kurz nach der Geburt gestorben. Die Mutter ist im Zweiten Weltkrieg als 20-Jährige allein von Hinterpommern nach Berlin gezogen, um Krankenschwester zu lernen. Die Großmutter und Tanten bleiben nach Kriegsende zunächst in Polen und sind der Wut und Gewalt der Sieger ausgeliefert: „Das war eben so, und an einer Vergewaltigung stirbt man nicht" – bekommt die heranwachsende Margot zu hören.

Margot Käßmann:
»Als Kind wollte ich Krankenschwester werden, weil meine Mama war Krankenschwester, und ich dachte, das ist doch ein schöner Beruf – für Menschen da sein, wenn sie krank sind – sie pflegen,ihnen helfen.«

Die Mutter hat es ins hessische Stadtallendorf verschlagen. 1951 macht sie als eine der ersten Frauen des Städtchens ihren Taxischein. Später betreibt sie mit ihrem Mann eine Tankstelle. „Meine Mutter hat nie zu Hause gesessen, sie hat immer gearbeitet." Sie hält die Familie in den schwierigen Nachkriegsjahren zusammen: Eiserne Disziplin, Zielstrebigkeit, Ausdauer, Durchhaltevermögen – all diese mütterlichen preußischen Tugenden verinnerlicht auch die Tochter. Die tiefe Frömmigkeit der Mutter prägt sie, das Gottvertrauen der Großmutter fast noch mehr.

Auch die beiden großen Schwestern setzen Maßstäbe mit hervorragenden Schulleistungen. Als die Zehnjährige ebenfalls im Marburger Mädchengymnasium eingeschult wird, will eine Lehrerin wissen, ob sie die Schwester von Gisela und Ursula ist. Die kleine Margot schüttelt den Kopf und läuft schnell weg. Sie will sie selbst sein, ihren eigenen Stil prägen, aber gleichzeitig alle in sie gesetzten Erwartungen erfüllen und bloß niemanden enttäuschen. Ein Balanceakt, den sie jahrzehntelang durchhält – manchmal nur mit inneren Zerreißproben. Zu ihrer Natur gehören aber genauso der Frohsinn des Vaters und seine ausgeprägte Geselligkeit. Von ihm hat sie ihren Humor und ihr ansteckendes Lachen.

Albrecht Bungeroth:
» Bevor wir überhaupt gemerkt haben, dass da ein Thema ist, hat sie es schon aufgegriffen und umgesetzt. «

Langjähriger Präsident der Landessynode der Evangelisch-lutherischen Landeskirche Hannovers

In einem Interview nach Brüchen im Leben gefragt, erzählt sie von seinem unerwarteten Tod, als sie mit 16 Jahren in den USA lebt. Das Geld für ein Flugticket nach Deutschland zu seiner Beerdigung fehlt, darüber kommt sie lange nicht hinweg. Während des einjährigen Stipendiums in einem Internat an der Ostküste entdeckt die Schülerin die Schriften des schwarzen Bürgerrechtlers Martin Luther King und findet ihr Lebensthema. Seine Vision von Frieden, Gerechtigkeit und gewaltlosem Widerstand inspiriert die Jugendliche zum Theologiestudium.

Schon als Studentin sucht sie vor allem die Freiheit und Weite der christlichen Botschaft. Als 25-jährige Vikarin wird sie 1983 im kanadischen Vancouver – gegen den Widerstand etlicher Männer – als jüngstes Mitglied in den Zentralausschuss des Ökumenischen Rates der Kirchen (ÖRK) gewählt. Auf der Empore sitzt Ehemann Eckhard, auch Theologe, mit der einjährigen Sarah. Dort erlebt sie erstmals ein Muster, das ihr in der Öffentlichkeit immer wieder begegnen wird: Begeisterung auf der einen, Ablehnung auf der anderen Seite. Die Person Käßmann polarisiert, ohne dass sie dies aktiv betreibt. Entweder man ist für oder gegen sie.

So auch bei ihrer Ordination nach dem Vikariat in der hessischen Kleinstadt Wolfhagen. Da steht sie stolz und schwanger mit ihren Zwillingen. Der Bischof kann sich erst nach einem längeren Gespräch durchringen, sie vor dem Altar einzusegnen. Es ist das Jahr 1985 und noch keine 20 Jahre her, dass zum Beispiel Frauen in der hannoverschen Landeskirche bei einer Heirat ihr Amt niederlegen mussten. Eine schwangere Pastorin, die das Abendmahl austeilt, ist vielen noch immer ein Gräuel. Als sie zum ersten Mal die Kanzel besteigt, grummeln ein paar Männer unten im Kirchenschiff: „Das hätte der alte Dekan nicht zugelassen."

Das Ehepaar Käßmann, das sich 2007 nach 26-jähriger Ehe scheiden lässt, teilt sich im nordhessischen Kirchspiel Frielendorf die erste Pfarrstelle und wohnt in dem 650-Seelen-Ort Spieskappel. Die sieben Jahre hier beschreibt die Theologin später als die engste Zeit ihres Lebens. Während des Mutterschutzes für Hanna und Lea arbeitet sie an ihrer Dissertation über „Armut und Reichtum als Anfrage an die Einheit der Kirche". 1991, als sie mit ihrer jüngsten Tochter Esther schwanger ist, reist sie zur ÖRK-Vollversammlung nach Australien und wird als einzige Deutsche in den Exekutivausschuss gewählt.

In diesen Jahren hat Ehemann Eckhard eine volle Stelle als Gemeindepfarrer, sie kümmert sich um ihr quirliges Wunschquartett zu Hause. 1992 steigt sie als Studienleiterin für Ökumene und Pädagogik an der Evangelischen Akademie Hofgeismar wieder ins Berufsleben ein. Zwei Jahre später wünscht sich der Kirchentag eine Frau an der Spitze und bittet um ihre Bewerbung. Das Auswahlgremium bewegt vor allem, wie sie als Mutter den anspruchsvollen Job als Generalsekretärin schaffen will. Diese Frage wird sie weiter verfolgen. So auch fünf Jahre später, als für sie völlig überraschend die Anfrage aus Hannover kommt.

Kirchenintern gibt es scharfe Nachfragen nach ihrer theologischen Kompetenz. Noch schärfer sind jedoch die ihr bereits bestens bekannten Fragen nach ihrer Verantwortung als Mutter. Als sich die junge Frau der Synode in nicht-öffentlicher Sitzung vorstellt, will der damalige Abt zu Loccum wissen, ob sie als Mutter nicht mit dem kräftezehrenden Bischofsamt überfordert sei? Die fünf Söhne

Landesbischöfin Margot Käßmann mit ihren Töchtern Sarah, Esther, Hanna und Lea nach dem Einführungsgottesdienst, 1999

ihres Gegenkandidaten, eines 15 Jahre älteren gestandenen Regionalbischofs, erwähnt niemand.

Am Mittwoch, dem 2. Juni 1999, nimmt Margot Käßmann mit Beginn der Wahlsynode allein auf der Gästebank im Mutterhaus-Saal Platz. Die Stühle links und rechts neben ihr bleiben leer. Verstohlene Blicke mustern sie. Schon an diesem Nachmittag, einem schwül-warmen Vorsommertag, ist die Spannung greifbar. Ein deutliches Unbehagen liegt in der Luft. Erstmals in der 74-jährigen Geschichte des hannoverschen Bischofsamtes haben die Kirchenparlamentarier eine echte Wahl. Keiner interessiert sich für die diversen Kirchengesetze auf der Tagesordnung.

Gratulation nach dem Einführungs-gottesdienst, 1999

Am Donnerstag, ihrem 41. Geburtstag, beginnt um 11.30 Uhr Wahlgang Nummer eins. Das Ergebnis ist eine kleine Sensation: Mit 50 zu 48 Stimmen hat die Kandidatin einen hauchdünnen Vorsprung. Damit haben viele nicht gerechnet. Von der erforderlichen Zweidrittelmehrheit in den ersten beiden Wahlgängen ist sie jedoch weit entfernt. Da zwischen den einzelnen Abstimmungen jeweils zwölf Stunden liegen müssen, geht es am Freitag weiter: 51 zu 47 Stimmen. Ein Raunen geht durch den Raum, einige Mitglieder der Kirchenleitung erbleichen. Für den dritten und letzten Wahlgang am Sonnabend könnte jetzt die einfache Mehrheit von 50 Stimmen reichen.

In dieser Nacht schläft die Kandidatin in dem ihr zugewiesenen kargen Zimmer im Diakonissenhaus – mit fließend warmem und kaltem Wasser. Als sie am Morgen zur einzigen Etagendusche gehen will, bilden dort schon mehrere Männer mit dem gleichen Anliegen eine Schlange. Die künftige Bischöfin entscheidet sich spontan für das Waschbecken in ihrem Zimmer.

Mancher Synodale hat am späten Abend noch einen sehr persönlichen Anruf erhalten. „Von ganz oben", heißt es am nächsten Morgen hinter vorgehaltener Hand. „Mir wurde gesagt, ich dürfe diesen Unfug nicht mitmachen und müsse mit meiner Stimme dazu beitragen, eine Katastrophe zu verhindern", erzählt einer und betont: „Jetzt erst recht!" Dritter Wahlgang am Vormittag. Im Saal ist es stickig, überall am Rand haben sich Fotografen und Kameraleute aufgebaut. Das Ergebnis: 52 zu 45 Stimmen, eine Enthaltung. Für einen Moment ist es absolut still. „Nehmen Sie die Wahl an?" Margot Käßmann atmet tief durch, seufzt kaum vernehmbar und antwortet mit fester Stimme: „Ja, im Vertrauen auf Gottes Hilfe."

Niemanden hält es mehr auf seinem Platz. Die Anspannung macht sich bei den einen durch lauten Jubel bemerkbar, manche liegen sich weinend in den Armen. Andere haben versteinerte Gesichter. Wie immer, wenn die Synode in einer schwierigen Situation ist, stimmt jemand ein Lied an: „Komm Herr, segne uns, dass wir uns nicht trennen." Die neue Bischöfin wird mit Blumen überschüttet. Als sie am Nachmittag mit ihrem Mann erschöpft in den Zug nach Fulda steigt, hat sie 16 Blumensträuße dabei, und eine Mitreisende fragt: „Sind sie Floristin?" Abends in der ARD-Tagesschau läuft die Protestantin dem Papst den Rang ab. Erst kommt die Nachricht über ihre Wahl, danach ein Bericht aus Rom.

Arend de Vries:
»Ich schätze ihre unerschrockene Art, sich mit dem christlichen Glauben in die öffentliche Diskussion einzumischen und in den Medien präsent zu sein«

Geistlicher Vizepräsident des Landeskirchenamtes in Hannover

In dem Vierteljahr bis zu ihrer Einführung am 4. September wird sie zu Talkshows eingeladen, von Fernsehkameras begleitet und von Zeitungen interviewt. Die neue Hoffnungsträgerin, wie einige titeln, stellt vor allem eines immer wieder klar: „Ich möchte mich nicht einzwängen lassen in eine Rolle, in der ich nicht mehr ich selber wäre." Wie sie ihrer Nachwelt in Erinnerung bleiben möchte? In

beinahe weiser Voraussicht antwortet sie: „Unverfälscht!" Sie will auch weiter mit beiden Füßen auf der Erde stehen: „Das Amt ist nicht mein einziger Lebensinhalt." Dass sie es mit Liebe und Leidenschaft ausfüllt, aber nicht daran klebt, wiederholt sie oft. Doch kaum jemand nimmt ihr das ab, bis zu ihrem Rücktritt im Februar 2010. Ob sie tatsächlich 27 Jahre lang bis zu ihrer Pensionierung Bischöfin bleiben will, wird sie damals mehrfach gefragt: „Das kann ich mir nicht vorstellen." Fast wie ein Orakel fügt sie hinzu: „Vielleicht bin ich die erste Bischöfin, die zurück ins Pfarramt geht."

Karolin Waschkies:

» Als Predigerin ist sie einfach unglaublich, weil sie kurz und prägnant sagen kann, was die Welt momentan wirklich bewegt. Sei es Afghanistan, Familienpolitik oder Asylrecht. Und das sind ganz wichtige Themen, die in der Politik nicht so menschennah erzählt werden. «

16 Jahre

Ein Foto des Evangelischen Pressedienstes (epd) bringt landauf, landab manchen gestandenen Theologen aus der Fassung. Es zeigt eine sportliche und lachende Frau in hellgrauem Sweatshirt und Jogginghose, die mit Hündin Lisa an einem prächtig blühenden Rapsfeld entlangläuft. Es ist Lisas letzter großer Lauf. Als ob die in die Jahre gekommene Golden-Retriever-Hündin ahnt, welche Symbolik in diesem Bild stecken wird, bleibt sie ihrem Frauchen hechelnd auf den Fersen. Kurz danach zieht sie sich zufrieden aufs Hundealtenteil zurück – sie hat ihren Part erledigt.

Die Nachrichtenagentur dpa titelt „Eine Bischöfin in Hosen" und zitiert einen italienischen Korrespondenten, der sich verzweifelt fragt: „Eine Bischöfin, die Hosen trägt – wie soll ich das meinen Landsleuten erklären?" Und „Bild" will am Tag vor ihrer Einführung noch schnell wissen, was denn eine Frau für dieses hohe kirchliche Amt qualifiziere? Ihre Antwort ist gleichermaßen schlagfertig wie konsequent: „Was qualifiziert denn einen Mann?"

Mit der neuen Bischöfin hat selbst der Bundeskanzler seine Probleme. Sein Grußwort in der mit 1.200 geladenen Gästen vollbesetzten Marktkirche beginnt Gerhard Schröder – ob beabsichtigt oder als Lapsus – mit den Worten

Margot Käßmann mit Lisa, 1999

„Sehr geehrter, lieber Herr Landesbischof Käßmann". Er hat die Lacher auf seiner Seite. Der 4. September ist ein strahlender Spätsommertag. Rund 4.000 Besucher aus nah und fern feiern auf dem Marktplatz den Gottesdienst mit, der auf einer 40 Quadratmeter großen Videoleinwand übertragen wird. Zu Beginn ziehen 70 kirchliche Würdenträger aus der weltweiten Christenheit mit „Miss Ökumene", wie Journalisten sie gern nennen, in die Kirche ein. Die Gemeinde drinnen und draußen singt alle Choräle im Wechsel. Dafür stehen Fenster und Türen offen.

Manche sehen dies als Zeichen dafür, dass nun endlich ein frischer Wind durch die Landeskirche weht. Die neue Bischöfin trägt bereits bei ihrer Einführung viel dazu bei. Trotz des auf die Sekunde getakteten Fernsehgottesdienstes bittet sie in ihrer Predigt „Fasst euch bei den Händen, wünscht euch Frieden – ob Fernsehübertragung oder nicht, diese wenigen Momente sollten wir uns nehmen." Fröhliche Kirchentagsstimmung breitet sich in dem ehrwürdigen Backsteinbau aus. Beifälliges Nicken, als sie fordert: „Die Kirche hat die Menschen aufzurichten und nicht kleinzuhalten. Wir brauchen Menschen mit Rückgrat und Widerstandskraft, mit Würde." Donnernder Applaus am Ende, von drinnen und draußen.

Margot Käßmann:
» Und dann fand ich es ganz spannend zu überlegen, was mein Glaube an Jesus Christus und die Welt miteinander zu tun haben. Und so habe ich gedacht, probiere ich mal, studiere ich mal und dann bin ich Pfarrerin geworden. «

Während die Landeskirche auf Wunsch ihrer neuen Chefin auf einen edlen Empfang verzichtet und zu einem fröhlichen Volksfest einlädt, treffen sich in der Universität 160 rechtskonservative Christen zu einer „Notsynode". Angekündigt waren 2.000. Seit ihrer Wahl sei das Bischofsamt verwaist, behaupten sie: „Jesus Christus erkennt die Bischöfin nicht an." Seit Wochen machen die Käßmann-Gegner bereits gegen ihre Einsegnung mobil und erreichen das Gegenteil. Die Kirchenleitung stellt sich demonstrativ hinter ihre neue Vertreterin. Sie sei „die rechtmäßige, biblisch und bekenntismäßig legitimierte Bischöfin der Landeskirche. Da mögen selbst ernannte ‚Notsynoden' sagen, was sie wollen." Und „Bild" stellt fest: „Nur 160 maulten noch in der Uni."

„Die Frechfromme", wie die Frauenzeitschrift „Emma" ein Porträt überschreibt, stürzt sich mit aller Energie ins neue Amt. Die Zweifel, die sie im Sommerurlaub noch einmal hatte, sind überwunden. Das Gottvertrauen der Großmutter hilft einmal mehr weiter: „Wem der liebe Gott ein Amt gibt, dem gibt er auch die Kraft, es auszufüllen." Und das tut sie. In den ersten 100 Tagen besucht sie alle acht Kirchenregionen zwischen Hannoversch Münden und Cuxhaven. Sie hält Vorträge, besichtigt Einrichtungen, schüttelt Hände und spricht mit den Menschen vor Ort.

Entspanntes Lächeln nach der Wahl zur Landesbischöfin, 1999

Gratulation für die neue hannoversche Landesbischöfin Margot Käßmann vom Gegenkandidaten Jürgen Johannesdotter

Fast gebetsmühlenartig antwortet sie auf besorgte Nachfragen zum Wohlergehen ihrer Töchter: „Alle sind morgens frisch gewaschen, ziehen sich an und gehen zur Schule.“ Und ja, auch der Ehemann sei wirklich freiwillig und sogar gern Hausmann. Wenn die Oberhirtin ganztägig durch die Weiten Niedersachsens reist, hört sie per Handy Vokabeln ab und tröstet ihre Mädchen bei Liebeskummer. Fast jeden Sonntag predigt sie auf einer anderen Kanzel. Nach den ersten Monaten resümiert sie: „Das Amt fordert mich rund um die Uhr, die ganze Woche. Zeit für die Kinder, mit meinem Mann und für mich selbst muss richtig verteidigt werden, aber das mache ich." Dies wird mehr als zehn Jahre lang ihr Alltag sein.

Manchmal, wenn die Bischöfin im Herbst 1999 frühmorgens noch schnell eine Bluse bügelt, sinniert sie darüber nach, welcher Bischof in Deutschland dies wohl sonst noch tut. Im Flur ihrer Kanzlei hängen die Porträts ihrer vier Vorgänger: „Eine Chance lag für mich sicher darin, dass ich natürlich wie keiner von ihnen sein konnte", reflektiert sie später. Sie definiert ihre Rolle für sich neu: „Ich erfahre dabei eine gewisse Leichtigkeit und bei allen Belastungen durchaus auch Lust an der Gestaltung des Amtes und der Repräsentation unserer Kirche." Immer wieder gerät sie dabei in ungewöhnliche Situationen, die ihre Spontaneität herausfordern.

Bei ihrem Eintrag ins Goldene Buch des Städtchens Nienburg mit Bürgermeister und den üblichen Honoratioren ist auch eine russisch-orthodoxe Delegation zu Gast. Der Priester hat offensichtlich mit allem gerechnet, nur nicht mit einer Frau. Seine vorbereitete Rede hält er noch in der Hand, als ihm die kleine schwarzhaarige „Frau Landesbischöfin" vorgestellt wird. Er schluckt und sagt, jetzt könne er nur noch stammelnd so grüßen, „wie einst Lord Nelson zu Lady Hamilton sagte: Madam, Sie sind so schön." Der ganze Empfang hält den Atem an und blickt auf Margot Käßmann, die in Lachen ausbricht. Erleichtert lachen alle mit.

Humor, Frohsinn und Gottvertrauen sind für die Bischöfin unabdingbare Gaben für das Leitungsamt. Und dabei hält die ehemals oberste deutsche Protestantin stets an ihrem Glaubenssatz fest, dass Kirche immer für Entwicklung stehen muss, nie für Stillstand oder gar Rückschritt. In dieser Überzeugung verabschiedet sich Margot Käßmann am 2. Juni 2010 nach elf Jahren von ihrer Synode in Hannover: „Jetzt scheint es Zeit, weiter zu gehen. Das ist in der Bibel ja auch immer wieder ein wichtiges Motiv: nicht festkleben, Mut haben zum Aufbruch, auch wenn Du gar nicht weißt, wohin der Weg Dich führt." Am Tag danach wird sie 52 Jahre alt.

KAPITEL 3

Krieg soll nach Gottes Willen nicht sein

Das Thema Frieden treibt mich um, seit ich 1974/1975 ein Schuljahr in den USA verbringen durfte. Ich hatte ein Stipendium erhalten und war an der „Hotchkiss School", Connecticut, einem recht noblen Internat mit einer wunderbaren Bibliothek. 1974 ging der Vietnamkrieg zu Ende. Ich hatte die Bilder der napalmverseuchten Kinder gesehen und habe vehement argumentiert. Zurück bekam ich einen heftigen Angriff: Wer aus Nazi-Deutschland käme, hätte sich aus amerikanischen Debatten herauszuhalten. Ich war verunsichert. Es gab amerikanischen Patriotismus, den ich als 1958 geborene Deutsche nicht kannte. Und ich begriff, dass Europa nach zwei Kriegen in einem Jahrhundert anders auf manches schaut als die USA, in denen es nur noch vage Erinnerungen an den Bürgerkrieg im vorigen Jahrhundert gab. Ich begegnete Mitschülerinnen und Mitschülern jüdischen Glaubens, die mich nach dem Holocaust fragten. Darüber hatten wir zuhause nie gesprochen.

Den Durchbruch gab die Anforderung, eine Geschichtsarbeit zu schreiben. Martin Luther King wurde mein Thema und durch Hördokumente und elektronisch einsehbare Zeitungen habe ich sein Leben verfolgt. So politisch und gleichzeitig so fromm sein – das hat mir imponiert. Seine Visionen von Gerechtigkeit und Frieden haben mich zutiefst berührt.

Diese Erfahrungen setzten sich fort, als ich 1983 in den Zentralausschuss des Ökumenischen Rates der Kirchen gewählt wurde. Auf der Vollversammlung in Vancouver habe ich mit einem jungen Russen am Tag des Atombombenabwurfs über Hiroshima eine Andacht am Pazifik gehalten: zwei junge Europäer aus Ost und West. Durch den ÖRK wurde der konziliare Prozess für Gerechtigkeit, Frieden und die Bewahrung der Schöpfung, später die Dekade zur Überwindung von Gewalt, in Gang gesetzt. Das Thema Frieden wurde zum roten Faden.

Vom Frieden träumen

Reinhold Robbe:

» Niemand hindert Frau Käßmann daran, sich am Hindukusch mit den Taliban in ein Zelt zu setzen und über ihre Phantasien zu diskutieren, gemeinsam Rituale mit Gebeten und Kerzen zu entwickeln. «

Damals Wehrbeauftragter des Deutschen Bundestages

Reinhold Robbe:

» Geärgert habe ich mich vielmehr, weil Sie als erste Repräsentantin unserer Evangelischen Kirche in Deutschland offenbar billigend in Kauf nehmen, dass Sie mit Ihrer Auslegung des Evangeliums mit Blick auf den Friedensauftrag und auf die christliche Verantwortung für diese Welt viele Gläubige unserer Kirche enttäuscht haben. «

Aus einem Brief des Wehrbeauftragten, durch ihn veröffentlicht

Es war der sozialdemokratische Verteidigungsminister Peter Struck, der den Satz geprägt hat, dass Deutschlands Sicherheit auch am Hindukusch verteidigt werde. Diesen Gedanken hat er wenige Wochen, nachdem er Verteidigungsminister der zweiten rot-grünen Bundesregierung unter Gerhard Schröder geworden ist, ausgesprochen. Schon in den Wochen davor hat die hannoversche Landesbischöfin Margot Käßmann militärischem Engagement oder gar einem Bundeswehreinsatz in Afghanistan deutlich widersprochen. Im Oktober 2001 stellte sie die Frage, die erst im Januar 2010 zu einer engagierten öffentlichen Debatte geführt hat: „Warum ist es bloß immer wieder so leicht, Geld und andere Ressourcen für Waffen zu mobilisieren und so schwer, in den Frieden zu investieren?"

Einer Antwort gleich hat sie neun Jahre später in ihrer Predigt an Heiligabend 2009 mehr Fantasie für den Frieden gefordert und dies in zwei Neujahrspredigten acht Tage später in der Dresdner Frauenkirche und im Berliner Dom wiederholt: „Nichts ist gut in Afghanistan. All diese Strategien, sie haben uns lange darüber hinweggetäuscht, dass Soldaten nun einmal Waffen benutzen und eben auch Zivilisten getötet werden. Wir brauchen Menschen, die von der Botschaft der Engel her ein mutiges Friedenszeugnis in der Welt abgeben, gegen Gewalt und Krieg aufbegehren und sagen: Die Hoffnung auf Gottes Zukunft gibt mir schon hier und jetzt den Mut, von einer anderen Gesellschaft zu reden und mich für sie einzusetzen. Ja, das ist für mich die weihnachtliche Botschaft: Mut zum Frieden gegen alle vorfindlichen Verhältnisse. Manche finden das naiv. Ein Bundeswehroffizier schrieb mir heute Morgen etwas zynisch, ich meinte wohl, ich könnte mit weiblichem Charme Taliban vom Frieden überzeugen. Ich bin nicht naiv. Aber Waffen schaffen offensichtlich auch keinen Frieden in Afghanistan. Wir brauchen mehr Fantasie für den Frieden, für ganz andere Formen, Konflikte zu bewältigen. Das kann manchmal mehr bewirken als alles abgeklärte Einstimmen in den vermeintlich so pragmatischen Ruf zu den Waffen. Vor zwanzig Jahren

Auf der Kanzel der Marktkirche, 2009

Nun soll es werden
Frieden
auf Erden

haben viele Menschen die Kerzen und Gebete in der DDR belächelt.“ So predigte sie auf der Kanzel der Marktkirche an Weihnachten 2009.

In den Monaten nach dem Anschlag auf die Zwillingstürme des World-Trade-Centers in New York und den Appellen, gegen den Terrorismus müsse Krieg geführt werden, hat Margot Käßmann hinterfragt, ob Flächenbombardements in Afghanistan der richtige Weg seien: Es sei mehr als zweifelhaft, dass diese tatsächlich Osama Bin Laden träfen, sagte sie am Reformationstag 2001 auf ihrer Kanzel in der Marktkirche in Hannover. Vielmehr müsse eine Zivilbevölkerung darunter leiden, die nach 20 Jahren Krieg und Unterdrückung am Ende sei und hungere. Über die Jahre hinweg war dies ihr eigentlicher Grund zu widersprechen: Sie dachte an die Mütter der Soldaten, die nach Afghanistan geschickt werden, sie dachte an die Frauen und Mädchen, die am Hindukusch einem Kolateralschaden gleich, Gesundheit und Leben verlieren. Sie war sich nicht sicher, wie sie in einer Predigt in Bremerhaven zu Beginn dieser Debatte sagte, ob diejenigen, die dort leiden, wirklich wissen, was in New York geschehen ist.

Gesellschaftlich hat diese Diskussion über Jahre hinweg kaum

Am Turm der hannoverschen Marktkirche waren Thesen als Lichtprojektion zu lesen

Alles wird gut?

In diesem Jahr habe ich mehrere Weihnachtskarten mit dem Motto „Alles wird gut" erhalten. Das ist offenbar eine ganze Serie, herausgegeben von einer Fernsehmoderatorin. „Alles wird gut!" Ist das die Weihnachtsbotschaft, habe ich mich gefragt. Eine Hoffnung ist das schon. Alles soll gut werden! Es ist Weihnachten. Spätestens am Heiligen Abend, so wünschen sich viele Menschen, sollen die Mühen unserer Welt irgendwie aufgehoben sein. Und diese Hoffnung packt dann auf wundersame Weise unsere ganze Gesellschaft, so verschieden wir auch sonst sind. In einer Tageszeitung waren letzten Montag die Ergebnisse einer Untersuchung zu „Weihnachtstypen" zu lesen. Fazit: Auch wenn Weihnachten in den unterschiedlichen Milieus verschieden gefeiert wird, gilt offenbar, dass kein anderes Fest die Menschen über alle Milieu-Grenzen hinweg so sehr zu synchronisieren vermag wie das Weihnachtsfest. „Weihnachten macht sich seine eigene Ordnung der Zeit" heißt es. „Am 24. Dezember zwischen 18 und 20 Uhr findet eine ganze Gesellschaft ihren absoluten Ruhepunkt." (Die Welt, 21.12.2009)

Das finde ich natürlich wunderbar. Eine Gesellschaft findet ihren Ruhepunkt! Wie sehr brauchen wir diesen Ruhepunkt. All das Schaffen und Rennen und Besorgen vor Weihnachten steht ja oft in Kontrast dazu. Aber dann wird es tatsächlich Weihnachten. Die Verkäuferin ruft mir zu: Frohes Fest! Der junge Mann an der Kasse sagt: Schöne Weihnachten! Die Parkplatzsuche nimmt ein Ende. Selbst beim Joggen um den Maschsee ist es geradezu menschenleer. Eine Gesellschaft findet ihren Ruhepunkt. Alles ist gut. Das ist ein schönes Gefühl. Und das dürfen wir auch zulassen.

Aber leider ist nicht alles gut.

Auszüge aus der Weihnachtspredigt von Margot Käßmann

Auswirkungen gezeigt: Über 4.000 deutsche Bundeswehrangehörige verteidigten Sicherheit und Demokratie im Norden Afghanistans und den Menschen in Deutschland ist dies zur gewohnten Situation geworden. Die mahnenden Stimmen einiger, die Zweifel hatten, dass aus militärischer Präsenz alles gut werden könne, verhallten.

Erst der von einem deutschen Oberst angeordnete Luftangriff auf zwei Tanklastwagen in Afghanistan im September 2009 veränderte die Stimmung. Aber nicht die Einstellung der Bischöfin, die auch Präsidentin der Zentralstelle für Recht und Schutz der Kriegsdienstverweigerer ist. Die ursprünglich aufrechterhaltene Behauptung, es seien nur Talibankämpfer unter den Gefallenen gewesen, überzeugte nicht: In den Medien wurde deutlich gezeigt, dass vornehmlich Zivilisten zu Tode gekommen waren. Doch Margot Käßmann schwieg, überraschend für viele. Denn wenige Wochen vor der Wahl eines neuen Rates der EKD in Ulm wäre jede Äußerung als Bewerbung um den Vorsitz interpretiert und nicht um der Sache willen gehört worden.

Christian Wulff:
» Als ranghöchste Vertreterin der Evangelischen Kirche in Deutschland ist es ihr Recht, darauf hinzuweisen, dass Fragen von Zukunft und Ziel des Afghanistan-Einsatzes im Sinne der Menschen in Afghanistan diskutiert und stets neu beantwortet werden müssen. «

Ministerpräsident des Landes Niedersachsen (2003 bis 2010)

Aber sie nahm erfreut wahr, „dass wir die Debatte über den Einsatz in Afghanistan jetzt endlich öffentlich führen". Auch nach der Wahl zur Ratsvorsitzenden mischt sie sich nicht sofort ein. Sie betonte nicht, recht gehabt zu haben, in einer Situation, in der es um das Leben von Menschen geht. Die Diskussion braucht nun die Stimme der Kirche, die bei der Überzeugung bleibt, dass Krieg um Gottes Willen nicht sein darf: „Krieg bringt immer Tod, Gewalt, Vergewaltigung mit sich. Eine Friedensdebatte ist überfällig", erklärt die neu gewählte Ratsvorsitzende – doch ihre klare Position spart sie sich auf für den richtigen Ort und den richtigen Zeitpunkt.

Angela Merkel:
» Ich glaube, dass die Einmischung in aktuelle politische Fragen begrüßt werden sollte von der Politik. «

Bundeskanzlerin

Angela Merkel:
» Ich kann mit einer solchen Meinungsäußerung sehr gelassen umgehen, weil ich mich auch nicht genötigt fühle, das alles zu teilen. «

Bundeskanzlerin

Die Stimme der Kirche wird nicht in Interviews, nicht in Talkshows, sondern dort erhoben, wo die Kirche zu Hause ist: auf der Kanzel. Es ist Zeichen protestantischen Kirchenverständnisses, dass das

Entscheidende mitten im Gottesdienst „das Evangelium einträchtig im reinen Verständnis gepredigt" wird, wie es im Augsburger Bekenntnis von 1530 heißt. „Nichts ist gut in Afghanistan", antwortet sie auf die Weihnachtskarten, die der Welt vorgaukeln: „Alles wird gut". „Nichts ist gut" für die Theologin in Deutschland, solange an anderen Orten der Welt Menschen unter Menschen leiden.

Dass eine solche Äußerung nicht ohne Kritik bleibt, hat Margot Käßmann gewusst. Welche Flut an zustimmenden Reaktionen und welche Häme in den wenigen negativen Antworten über sie schwappt, hat sie selbst überrascht, wie sie wenige Wochen später in einem Gespräch mit dem Fraktionsvorsitzenden der Linken, Gregor Gysi, im Deutschen Theater in Berlin eingestand. Enttäuscht antwortet er: „Ich sage das Gleiche jede Woche und keiner regt sich auf." Der Unterschied zwischen dem parteipolitisch motivierten Widerspruch und dem religiös motivierten Einsatz um des gesellschaftlichen Friedens willen wird augenfällig. Und der Vorsitzende der Linksfraktion im Deutschen Bundestag zollt Margot Käßmann auf seine Art Respekt: Als sie feststellte, dass sie oft als naiv und blauäugig bezeichnet werde, antwortet er: „Es gibt deutlich dümmere Männer, denen das nie gesagt wird."

Der Vorwurf, in der Friedensdebatte „naiv und blauäugig" zu sein, sitzt. Da ist für die Theologin ein Schema zu erkennen: Auf der einen Seite die Männer, die angeblich so genau wissen, was sie entscheiden und tun, und auf der anderen Seite die Frau, die – so der Vorwurf – „nicht weiß, was sie sagt". Mit jedem kritischen Anschreiben setzt sie sich auseinander, jedes Argument hört sie, bleibt im Gespräch, auch mit denen, die bei ihrer Kritik Maß und Ziel aus den Augen verloren haben. Auf Tausende von Mails wird geantwortet, Briefe werden geschrieben – der Frieden in der Welt steht auf dem Spiel. Die Wochen im Januar 2010 sind von einer nicht endenden Debatte geprägt, von unzähligen Interviews, Gesprächen innerhalb und außerhalb der Kirche – ermüdend, schleppend, immer wieder das Gleiche zu sagen, selbst aber nachdenklich zu bleiben.

Der Bundesverteidigungsminister, Karl-Theodor zu Guttenberg, hört ihr zu und teilt ihr in einem vertrauli-

Kritische Stimmen

Wolfgang Schäuble, Bundesfinanzminister, sagte der „Welt am Sonntag": „Frau Käßmann sollte nicht übersehen, dass die Bundeswehr im Auftrag der Vereinten Nationen in Afghanistan ist. Wir brauchen im 21. Jahrhundert mehr Zusammenarbeit – beim Kampf gegen den Terrorismus ebenso wie beim Umweltschutz und bei der Regulierung der Finanzmärkte." Davon dürfe man niemals einseitig lassen.

Hans-Ulrich Klose, Mitglied des Deutschen Bundestages, kritisierte, Margot Käßmann habe „sich mit ihrer Äußerung in Gegensatz zur Mehrheit des Bundestages gesetzt." Sie habe Unrecht: „Wenn die internationale Gemeinschaft in Afghanistan scheitert, würde das mit Sicherheit zu einer neuen Welle terroristischer Anschläge führen."

Ruprecht Polenz, Mitglied des Deutschen Bundestages, erklärte: „Frau Käßmann macht es sich zu einfach, wenn sie die Botschaft vermittelt, man könne sich kurzfristig aus Afghanistan zurückziehen, ohne sich schuldig zu machen." Schuldig würde man in einem solchen Fall an den Afghanen, die sich auf Deutschland verließen, sagte Polenz.

chen Gespräch seine Überlegungen mit. Die unterschiedlichen Positionen ändern sich deshalb nicht, aber es ist entscheidend, miteinander im Gespräch zu bleiben und sich gegenseitig anzuerkennen, dass die Sorge um den Frieden die umtreibt, die noch nachdenken. Aber es gibt auch die Stimmen, die nur in Gewalt und militärischem Einsatz eine Lösung suchen.

Zustimmung aus der Politik bleibt genauso wenig aus. Bundespräsident, Bundestagspräsident und Bundeskanzlerin begrüßen, dass die Theologin eine gesellschaftliche Debatte angestoßen hat. Margot Käßmann braucht diese Stimmen, gleichzeitig nimmt die durch Umfrage immer wieder neu erhobene gesellschaftliche Ablehnung des Afghanistaneinsatzes der Bevölkerung zu.

Nein, so macht sie immer wieder klar, sie habe nicht den sofortigen Abzug der Bundeswehr gefordert. Und genauso wenig habe sie die deutschen Soldaten, die am Hindukusch ihren Dienst tun, aus den Augen verloren.

Horst Köhler:
»Mit Ihrer Neujahrspredigt in Dresden haben Sie uns allen einen Dienst erwiesen. Ich mache mir nicht alle Ihre Worte zu eigen. Aber unser Land braucht solche Beiträge. Das ist eine überfällige Debatte.«

Bundespräsident (2004 bis 2010)

Die Zustimmung nimmt zu, doch die Nadelstiche bleiben, dabei – dessen ist sich Margot Käßmann sicher – können wir „Christinnen und Christen gerade auch nach den unzähligen Kriegen, in denen Kirchenvertreter Waffen segneten, nicht mehr von einem ‚gerechten Krieg' sprechen."

Auf diesem Konsens – erstmals ausgesprochen von der ersten ökumenischen Weltversammlung 1948 – argumentiert sie: „Deutschland befindet sich in Afghanistan in einer kriegerischen Auseinandersetzung. Das haben wir lange nicht wahrhaben wollen und stattdessen um völkerrechtliche Definitionen gerungen. Aber bewaffnete Konflikte, wie immer wir sie definieren, ziehen stets Unrecht und Gewalt nach sich, auch ein ‚nicht-internationaler bewaffneter Konflikt'. Es sollte nicht überraschen, dass auch Zivilisten getötet werden. Bedrückend ist, dass das immer wieder nur ‚am Rande erwähnt' wird. Wir müssen offen mit der Wahrheit umgehen."

Es war von Anfang an nicht ihre Debatte, ob das, was dort geschieht, völkerrechtlich ein Krieg ist oder nicht. Wer nicht Recht und Ordnung im Blick hat, sondern die

Margot Käßmann begrüßt Bundespräsident Horst Köhler und dessen Ehefrau Eva Luise vor der Feier zum 1000-jährigen Jubiläum der St. Michaeliskirche in Hildesheim, 2010

Menschen, die leiden, kann sich mit dieser Frage nicht aufhalten. Margot Käßmann lebt auch in dieser Diskussion den Traum ihres Vorbildes Martin Luther King. Und sie träumt seinen Traum weiter, überzeugt, dass diese Welt „Träumer und Träumerinnen" braucht, „die darauf hoffen, dass es irgendwann Nahrung für alle geben wird, Obdach, Bildung und Gesundheitsversorgung für jedes Kind." Und sie beschreibt, was die Folge dieses Traums ist: „Ich weiß, wie es sich anfühlt, dafür als naive Weltverbesserin bezeichnet zu werden. Da fühlst du dich schnell in der Defensive, belächelt, an die Seite gedrängt." Und sie widerspricht: „So sehr ich an Gottes zukünftige Welt glaube, in der alle Tränen abgewischt sind und

Horst Seehofer:

» Wenn man die ganze Predigt von Frau Käßmann kennt, kann man ihr nur zustimmen. «

Ministerpräsident des Freistaates Bayern

Not, Leid und Tod ein Ende haben werden, so überzeugt bin ich, dass schon diese Welt verändert und verbessert werden kann.“ Wer so träumt, ist nicht weltfremd oder naiv, sondern nimmt die Wirklichkeit ernst, schreibt sie in einem Aufsatz über die Fantasie des Friedens, der erst nach ihrem Rücktritt erscheinen wird.

Bei allem ihr so selbstverständlichen Respekt vor den Politikerinnen und Politikern, die in ihrer Verantwortung Entscheidungen treffen müssen, auch über die Präsenz der Bundeswehr in Afghanistan, wiederholt sie: „Auch wenn es in den Ohren derer, die der Gewalt als Antwort auf Gewalt vertrauen, naiv klingen mag – ich bleibe dabei: Wir brauchen mehr Fantasie für den Frieden, für

Neujahrsempfang der Evangelisch-lutherischen Landeskirche Hannovers im Kloster Loccum bei Nienburg, 2010

ganz andere Formen, Konflikte zu bewältigen. Das kann manchmal mehr bewirken als alles abgeklärte Einstimmen in den vermeintlich so pragmatischen Ruf zu den Waffen.“ Und Monate später, all ihrer Ämter ledig und dadurch sich freier fühlend, widerspricht sie auf dem Ökumenischen Kirchentag in München im Mai noch deutlicher dem Vorwurf, nicht alle Sinne beisammen zu haben: „Ich sage aber noch einmal und im Vollbesitz meiner geistigen Kräfte wohlgemerkt: Vielleicht würden die Kirchen gerade so zu Zeichen der Hoffnung der Welt. Weil sie Geist, Logik und Praxis des Militärischen durchbrechen! Und vielleicht wäre gerade das eine Form, die auch der Kultur Afghanistans entspricht: sich zusammensetzen und reden. Viele werden mich wieder belächeln. Das nehme ich in Kauf.“

Aus Gottes Frieden leben – für gerechten Frieden sorgen

Der Deutsche Bundestag sollte im Zusammenhang mit der Erteilung des Mandats für die Bundeswehr einen Beschluss auch zum Einsatz der zivilen Kräfte fassen. Mit einer solchen „Mandatierung" wäre eine deutlichere öffentliche Wahrnehmung und Wertschätzung der zivilen Anstrengungen verbunden. Die Aufwendungen für das zivile Engagement sollten erkennbar zu denen des militärischen Einsatzes in Beziehung gesetzt werden. Darüber hinaus sollte ein Datum beschlossen werden, an dem der gesamte Einsatz evaluiert wird.

Frieden muss „gestiftet", also gemacht, werden...

Aus der Erklärung der EKD vom 25. Januar 2010, unterzeichnet von: Landesbischöfin Margot Käßmann, Vorsitzende des Rates der EKD, Präses Nikolaus Schneider, stv. Vorsitzender des Rates der EKD, Landessuperintendent Martin Dutzmann, Evangelischer Militärbischof, Schriftführer Renke Brahms, Friedensbeauftragter des Rates der EKD

Alice Schwarzer:

» Sie werden gerade von rechts bis links gescholten für eine Selbstverständlichkeit: für Ihre Kritik am Afghanistan-Einsatz Deutschlands. Sie sollten sich nicht beirren lassen."
„Es ist das Mindeste, dass das Oberhaupt einer deutschen Kirche warnt und appelliert: ʻWir brauchen Menschen, die nicht erschrecken vor der Logik des Krieges, sondern ein klares Friedenszeugnis in der Welt abgeben, gegen Gewalt und Krieg aufbegehren.ʼ «

KAPITEL 4

To overcome violence – Gewalt überwinden

Als Bischöfin hat mich die Situation der „Fremden im Land“ immer berührt. Ich habe Asylunterkünfte, Aufnahmelager und Abschiebehäftlinge besucht. Viele von ihnen kamen zu mir in ihrer Not.

Zahra Kameli. Die junge Frau aus dem Iran war zum Christentum konvertiert. Ihre für sie lebensbedrohliche Abschiebung konnte in letzter Minute mit Hilfe des Piloten verhindert werden. Immerhin war sie der Auslöser dafür, dass Niedersachsen dann eine Härtefallkommission bekam, gegen die der Innenminister sich lange gewehrt hatte.

Thu Nga Van. Die damals 14-Jährige wurde mit ihrer Familie aus dem Kirchenasyl in Peine nach Hanoi abtransportiert. Ein runder Tisch wurde gegründet, eine Lehrerin übernahm die Koordination, der Leiter des Goetheinstituts in Hanoi engagierte sich, eine Familie adoptierte sie. Zurück in Niedersachsen hat sie ihr Abitur bestanden. Eine Geschichte von Not, Ungerechtigkeit und großem Engagement.

Nelly und Marcel. Ich kannte die beiden über meine Tochter. Sie wurden abgeschoben nach Bulgarien, beide auf dem Gymnasium, ihre Mutter Zahnärztin, die ältere Schwester Medizinstudentin. Das Engagement eines älteren Herrn aus Hannover half, Nelly zurückzuholen. Sie hat Abitur gemacht und studiert. Bei Marcel war das rechtlich nicht möglich. Wir konnten ihm den Besuch der Deutschen Schule in Sofia finanzieren. Er war 12 Jahre, als er bei mir in der Kanzlei saß: Einige Türken hätten ihn gehänselt, er sei ein „Loser“, weil er abgeschoben werde. Aber er habe seine eigene Würde. Das hat mir imponiert.

Auf die Frage, ob die Kirche politisch sein darf, sage ich: In der Bibel steht: „Die Fremdlinge sollst du nicht bedrängen und bedrücken!“ *(2. Mose 22,20)*. Das ist nicht Politik, sondern ein biblisches Gebot. Ich bin beeindruckt, wie viele sich in diesem Sinne immer wieder engagieren.

„... dass Gerechtigkeit und Friede sich küssen..."

„Frieden ist eine Frucht der Gerechtigkeit" erinnert das Wort der EKD zur Afghanistandebatte an den alttestamentlichen Propheten Jesaja *(Jes 32,17)* vom Januar 2010. In dem von Margot Käßmann als damalige Ratsvorsitzende sowie vom stellvertretenden Ratsvorsitzenden, Nikolaus Schneider, vom evangelischen Militärbischof Martin Dutzmann und vom Friedensbeauftragten des Rates der EKD, Renke Brahms, unterzeichneten Dokument wird dies als ein biblischer Grund für ihre Position in der Diskussion um den militärischen Einsatz beschrieben – neben der Gewissheit aus der Bergpredigt, dass Jesus alle selig preist, die Frieden stiften.

» Für einen Politiker ist es die wichtigste und vornehmste Aufgabe, für ein stabiles, freies und friedliches Gemeinwesen zu sorgen. Und die Grundvoraussetzung dafür ist die Gerechtigkeit. Bei allen Erfolgen in Sachen Recht und Gerechtigkeit müssen wir uns vor Augen halten: Kein Politiker, kein Richter, kein Sozialingenieur kann den Himmel auf Erden verwirklichen. «

Christian Wulff, Ministerpräsident des Landes Niedersachsen (2003-2010), in „Selig sind..."

Umgekehrt ist selbstverständlich, dass dort kein Frieden möglich ist, wo die Menschen, wie es in den Seligpreisungen heißt, nach Gerechtigkeit hungern und dürsten. Diese Herausforderung stellte sich im Jahr 2008: Nach jahrelanger Vorbereitung sollten die Olympischen Spiele in Peking stattfinden. Widerstand regte sich, als das olympische Feuer in einem Staffellauf von Griechenland startend durch die Neue und Alte Welt getragen wurde: Sind die Spiele des Friedens eine Sanktionierung der Menschenrechtsverletzungen in China? Forderungen, die Spiele zu boykottieren, wurden laut.

Die evangelische Kirche wollte keinen Aufruf zum Boykott unterstützen, aber die Bischöfin der größten evangelischen Landeskirche sprach sich schnell für symbolische Aktionen aus: „Ich würde alle, die anreisen, ermutigen, ihr Engagement für die Menschen- und Freiheitsrechte, für Demokratie und Religionsfreiheit deutlich sichtbar zu machen." So eine Aktion mache den Menschen Mut, die sich vor Ort mit ihrem Leben für Freiheit einsetzten:

„Über Gäste aus dem Ausland hat die Diktatur keine Macht.“ Erstmals in einem Gottesdienst die Idee der schwarzen Armbänder ausgesprochen, wurde daraus eine Kampagne, die den Rahmen der ersten Idee gesprengt hat.

Sie werde 2.000 schwarze Armbänder mit dem Vers aus dem Psalm 85 „...dass Gerechtigkeit und Friede sich küssen“ bedrucken lassen, sagte die evangelische Bischöfin bei dem Gottesdienst zum 60-jährigen Jubiläum der UN-Menschenrechtserklärung: „Ich werde jedem Sportler, jeder Sportlerin, die für unser Land nach Peking fahren, wenn sie es wünschen, ein solches Band schenken.“ Die Bänder könnten während der Olympischen Spiele im August in Peking Zeichen der Solidarität mit den unterdrückten Menschen in Tibet sowie überall in China sein, wo ethnische Minderheiten und auch die christlichen Kirchen in Angst leben müssten. „Die Spiele dürfen nicht dazu benutzt werden, eine Mauer des Schweigens um die Verletzungen der Menschenrechte zu ziehen und durch schöne bunte Bilder die Diktatur auch noch zu stärken,“ betonte Käßmann zum Start. Auch wenn sie einen Boykott der Spiele für falsch halte, so werde sie doch weiterhin darauf dringen, dass die Menschenrechte „in jedem Winkel der Erde“ eingehalten würden. „Wir dürfen nicht

Seit Jahren werden die kostengünstig hergestellten Silikonarmbänder in unterschiedlichen Farben dazu genutzt, politische oder gesellschaftliche Botschaften zu signalisieren. Begonnen hat damit die Lance-Armstrong-Foundation in den USA. Die Stiftung des Radrennfahrers, der eine Krebserkrankung überwunden hat, wollte mit gelben Armbändern die Solidarität mit Krebskranken ausdrücken. Auf Initiative des französischen Fußballnationalspielers Thierry Henry und mit der Unterstützung eines großen Sportartikelherstellers mahnte ein doppeltes Armband, weiß und schwarz ineinander verschlungen, mit der Aufschrift „Stand Up – Speak Up" über fünf Millionen Mal gegen Rassismus. Langzeitwirkung bis 2015 erhoffen sich die Vereinten Nationen und viele Musiker und Künstler von den weißen Armbändern mit der Aufschrift „Deine Stimme gegen die Armut" oder „Keine Entschuldigung 2015", die dazu auffordern, das die von den Vereinten Nationen ausgerufenen Milleniumsziele, bis 2015 die weltweite Armut zu halbieren, im Blick zu behalten.

Margot Käßmann:

» Wenn Menschen aus der Geschichte lernen können, dann muss das Versagen der Kirche in der Vergangenheit ein Wegweiser für die Gegenwart sein. «

Sie kommen aus der ganzen Welt

Vor zwei Jahren hörte ich von einem Projekt in den Niederlanden, bei dem Menschen ohne Aufenthaltsgenehmigung auf Laufstegen Designerkreationen präsentierten. Damit wurden sie aus der Anonymität geholt, sie bekamen ein Gesicht. Ich fand, das war eine großartige Initiative. Schnell wurde allerdings deutlich, dass die Rechtslage in Deutschland ein solches Projekt nicht möglich macht. So entstand die Idee zu einer Ausstellung.

Die älteste Protagonistin der Ausstellung ist 81 Jahre alt. Sie heißt Alina und lebt seit 15 Jahren bei ihrer Familie in Niedersachsen – unerlaubt. Sie ist an Krebs erkrankt. Weil sie keine Krankenversicherung hat und heimlich bei ihrer Familie lebt, fragt sie sich: „Wie soll ich die teure Operation bezahlen und bekomme ich überhaupt ein Begräbnis?" Die Jüngste, die gezeigt wird, ist noch kein Jahr alt. Francisca wurde in einem evangelischen Krankenhaus geboren, hat weder Geburtsurkunde noch Pass.

Ein Baby und eine Großmutter – zwischen diesen beiden Polen bewegt sich die Ausstellung „Leben im Verborgenen – Menschen ohne Pass und Papiere in Deutschland". Das Mädchen wird in die Illegalität hineingeboren, die alte Frau hat Angst, in der Illegalität zu sterben – ohne ein ordentliches Begräbnis.

Sie kommen aus der ganzen Welt: aus Peru, aus der Mongolei, aus Ghana oder Syrien. Sie kommen aus armen Ländern in das reiche Deutschland. Einige wollen arbeiten, um den Unterhalt für ihre Familien in der Heimat zu verdienen. Andere sind als Au-Pair gekommen und möchten nicht gleich wieder in ihre Heimatländer zurückgehen, weil sie sich verliebt haben oder studieren wollen. Wieder anderen wurde der Antrag auf Asyl abgelehnt, aber sie haben Angst in das Land, aus dem sie geflohen sind, zurückzukehren. Andere suchen in Deutschland nach Glück und einem besseren Leben.

Margot Käßmann

wegschauen, weder aus politischer noch aus ökonomischer noch aus religiöser Rücksichtnahme."

Es ist nicht bei ursprünglich geplanten 2.000 Armbändchen geblieben. Knapp 240.000 Bänder sind bis nach Indien verschickt und dabei 60.000 Euro an Spenden für eine Hilfsorganisation in China eingenommen worden. Zudem hat sie zusammen mit dem Ratsvorsitzenden der EKD, Bischof Wolfgang Huber, in einem Brief eine angemessene Berichterstattung auch über die Menschenrechtssituation eingefordert. Während der Sommerspiele dürfe über Verletzungen der Menschenrechte in China nicht geschwiegen werden, heißt es in dem gemeinsamen Brief an Sportjournalisten und Redaktionen, die aus Peking berichten.

Schwarze Armbändchen ändern nicht die Welt. Das haben weder Margot Käßmann noch all die anderen gedacht, die diese Kampagne unterstützt haben. Aber schwarzes Silikon hat im August 2008 geholfen, zwischen all den Goldmedaillen und Rekorden nicht zu vergessen, dass China auch andere Seiten hat als die des scheinbar perfekten Veranstalters der Weltspiele.

So mischt sich Margot Käßmann ein. Sie zeigt mit dem Finger auf Missstände, holt sie ins Bewusstsein derer, die sie übersehen wollen. Sie nutzt ihre Popularität und ihre öffentliche Präsenz, um denen Gesicht und Stimme zu geben, die

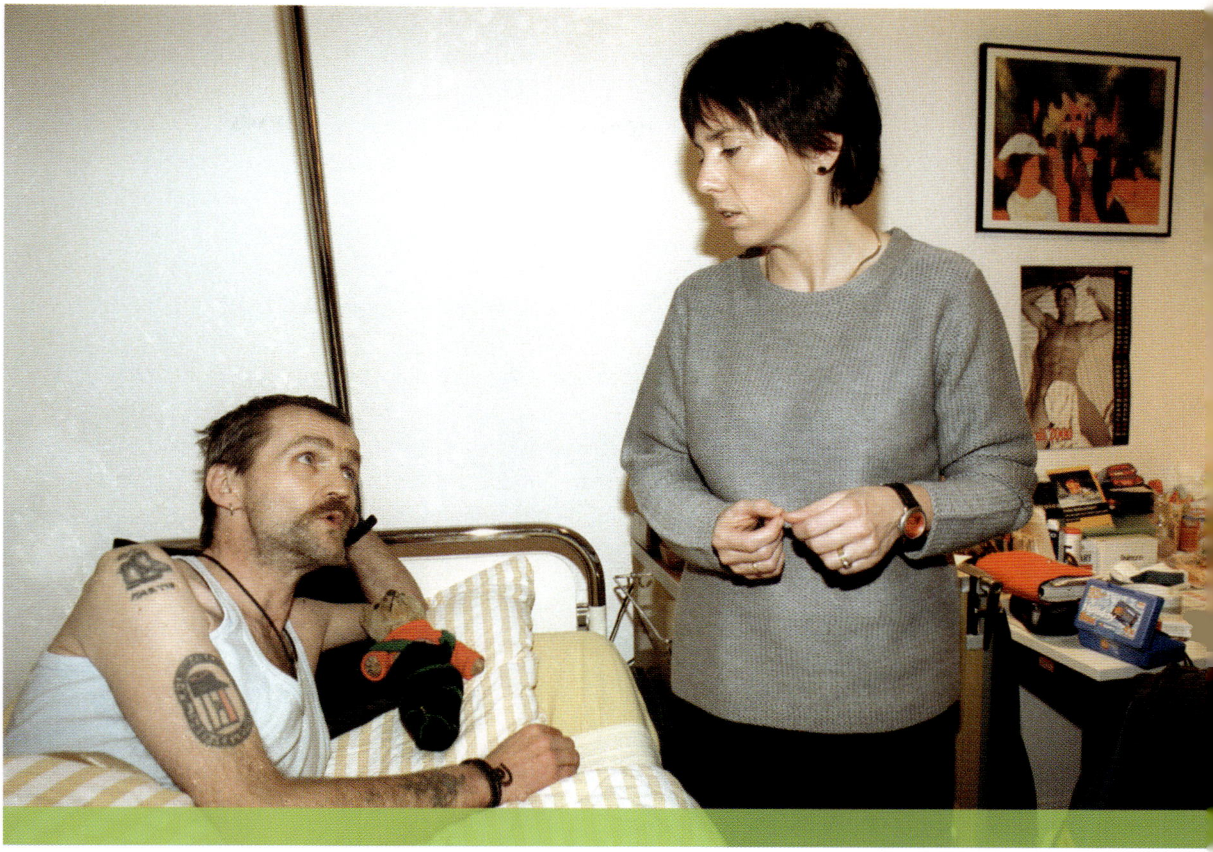

Besuch in einer Krankenwohnung für Obdachlose in der Südstadt, 1999

allzu schnell vergessen werden: „Tu deinen Mund auf für die Stummen und für die Sache aller, die verlassen sind.“ *(Sprüche 31,8)*. Beispiele lassen sich in der zehnjährigen Amtszeit als Bischöfin immer wieder finden: Themen flackern auf, müssen dann aber auch wieder anderen Fragen und Sorgen weichen. Das wurde auch immer wieder an ihr kritisiert, doch manches so benannte Unrecht hat sich eingebrannt in gesellschaftliches Bewusstsein und eine Diskussion ausgelöst. Andere haben es aufgenommen, weiter verfolgt.

Etwa mit der Ausstellung „Leben im Verborgenen. Menschen ohne Pass und Papiere in Deutschland“. Plötzlich waren Gesichter von Menschen

Margot Käßmann:
» Jede polizeiliche und militärische Aktion steht vor der Herausforderung, dieses – wenn Christinnen und Christen sie ausführen – mit der biblischen Botschaft vom Frieden konfrontieren zu müssen. «

sichtbar, die sich vorher versteckt haben. In der Ausstellung wurden 15 Menschen gezeigt, die illegal in Deutschland leben – ohne die Möglichkeit, einen Kindergarten oder eine Schule zu besuchen, ohne Krankenversicherung oder irgendwelche Absicherung im Alter. „Alle europäischen Staaten heißen diese Einwanderer nicht willkommen", weiß Margot Käßmann. Sie sind ungebetene Gäste, die alle schnell wieder loswerden wollen. Deutschland verfolgt diese Menschen sogar strafrechtlich, deshalb gelten die, die in der Ausstellung vorgestellt werden, als Straftäterinnen. Bedienstete der Krankenhausverwaltungen, der Jugend- und Einwohnermeldeämter sowie Standesbeamte und Schulleiter sind verpflichtet, Illegale bei den Ausländerbehörden zu melden, so kann – das moniert die Bischöfin – keine Hilfe aussehen.

Margot Käßmann:
» Es wird wichtig sein, das Verhältnis von Christen zu Polizei und Militär zu klären. «

Margot Käßmann, 2005

Sie fordert, dass solche Illegalität schon im Ansatz vermieden werden sollte. Kirche und Diakonie soll denen, die illegal leben, Seelsorge und Beratung anbieten. Der Zugang zur medizinischen Versorgung sei ihnen ebenso zu ermöglichen wie ihren Kindern der Besuch im Kindergarten und eine Schulausbildung. Materielle Unterstützung ist für Margot Käßmann ebenso selbstverständlich wie eine menschenwürdige Unterbringung. Und die Kirche soll mit ihrer Diakonie auf dem Weg, die Forderungen zu erfüllen, vorangehen. Die Diskussion haben in den Jahren 2007 und 2008 noch andere geprägt, aber durch solche gemeinsamen, sich thematisch vereinigenden Fingerzeige ist eine Diskussion in Gang geraten.

Engagement gegen Kinderarbeit

Genauso hat Margot Käßmann nach einer Ratsreise durch Nord- und Südkorea deutlich die politischen und religiösen Verhältnisse dort kritisiert. Unter dem Eindruck der totalitären Überwachung der Menschen in Nordkorea äußerte sie Zweifel, ob dort ein Leben in christlicher Freiheit und unter dem Gebot, Gott über alle Dinge und den Nächsten wie sich selbst zu lieben, möglich sei: „Wie kann freies christliches Leben in solch einer Atmosphäre möglich sein?" Hin- und hergerissen zwischen dem aufrichtigen Wunsch der Korean Christian Federation, als christliche Organisation anerkannt zu werden, und dem, was sie auch gehört hatte, nämlich: die Federation sei eine „Staatsabteilung für Propagandazwecke", kehrte sie voller Zweifel nach Deutschland zurück. In einem Gespräch mit der evangelischen Nachrichtenagentur epd sprach sie dies aus und wurde prompt von denen gerügt, auf deren schwierige Situation sie hinweisen wollte. Nicht immer wollen die, die keine Stimme haben, dass ihnen Stimme gegeben wird.

Margot Käßmann:
» Wenn in internationalen Konflikten, im Kampf für Gerechtigkeit und im Alltag die Macht der Gewaltfreiheit entdeckt wird, kann dies zu neuer Kreativität und zu einem neuen Blick auf die Geschichte verhelfen. «

KAPITEL 5

Von der Kanzel Impulse geben

Als Studienleiterin in Hofgeismar und Generalsekretärin des Kirchentages war ich „predigtentwöhnt". Selten habe ich in dieser Zeit Gottesdienst gehalten. Als Landesbischöfin war das aber von zentraler Bedeutung für mich. Es macht mir Freude, die Bibel auszulegen, den Menschen nahezubringen: Mein Ziel ist die Dreiecksbeziehung zwischen dem Wort Gottes, der konkreten Gemeinde und der Predigerin. Oft haben mir Gemeinden viel Material geschickt: Einblicke in die bis zu 1000-jährige Geschichte des christlichen Glaubens vor Ort. Beeindruckend: Ich stehe an einem Ort, an dem schon seit Jahrhunderten gebetet und gesungen, an dem das Wort Gottes verkündigt und Abendmahl gefeiert wurde, an dem Kinder getauft und Tote betrauert wurden. Was für ein ungeheurer Schatz! Und was für eine bewegende Kette von Tradition, in der wir stehen!

Oft habe ich den Predigttext genommen, den der Prediger beim letzten Jubiläum gewählt hat. Spannend, solche Brücken. Ich habe das Predigen neu entdeckt und war froh, ja glücklich, wenn ich gespürt habe: „Kommunikation des Evangeliums" gelingt. Ein Beispiel war mir ein Jubiläum, bei dem ich zu spät kam: Stau! Ich rief den Ortspastor an. Er war ruhig: „Wir läuten, bis Sie kommen." Ich kam 15 Minuten zu spät, hatte den Talar schon im Auto angezogen. Als wir einzogen, spielte der Posaunenchor, die Gemeinde hatte fröhlich und gelassen gewartet. Beim ersten Lied setzte die Orgel nicht ein: Stromausfall! Zu Anfang der Predigt sagte ich mit Blick auf die etwas ermatteten Konfirmanden: „In 50 Jahren werdet ihr was zu erzählen haben: Damals beim Jubiläum kam die Bischöfin zu spät, der Strom fiel aus…". Ein Konfirmand sah mich erschrocken an: „Meinen Sie jetzt etwa mich?" „Ja", habe ich gesagt, „genau dich meine ich. Du wirst dann über 60 sein und die Tradition fortführen."

„Sed verbo“ – Die Bischöfin als Predigerin

„Glaube ist das herzliche Vertrauen auf Gott als Antwort auf die Angst der Welt“. Mit diesem Zitat von Heinz Zahrnt schließt Margot Käßmann am 4. September 1999 ihre erste Predigt als Landesbischöfin der hannoverschen Landeskirche. Zehn Jahre später hat sie 543 Predigten gehalten. In ihrem Rückblick vor der Landessynode sagt sie dazu: „Nicht als Leistungsschau will ich das anführen, sondern, um deutlich zu machen, dass es im lutherischen Verständnis des bischöflichen Amtes bis heute darum geht: Sine vi, sed verbo: Du kannst dich nicht mit Macht und Gewalt durchsetzen, sondern allein mit der Überzeugungskraft des Wortes…“

Margot Käßmann:
» Die Bibel ist niemals ausgelesen, nie fertig, sondern immer Teil eines Dialogs. «

In der Marktkirche Hannover, 2007

Wird sie gefragt, was sie am Bischöfinnendasein am meisten liebt, nennt sie gerne die festlichen Gottesdienste, die sie nahezu jeden Sonntag irgendwo in der Landeskirche feiern darf. „Es ist ein wirkliches Privileg des Bischofsamtes: Ich predige immer vor vollen Kirchen", sagt sie mit einem Augenzwinkern. Predigen macht ihr Freude; wenn sie die Wahl hat zwischen einem Vortrag und einer Predigt, entscheidet sie sich gerne für die Predigt. Theologie auf den Punkt zu bringen, in einfache, verständliche Sprache umzusetzen, biblische Erzählungen pragmatisch und nah am Leben zu deuten, ist ihr wichtig. Sie orientiert sich an den knappen Gleichnissen, mit denen Jesus auch für nichtgebildete Menschen alles gesagt hat. „Ganz unauffällig kommt sie daher. Hält sich ganz unaufgeregt an die Perikopenordnung. Sucht nicht das Besondere und Überspitzte. Verschmäht aber auch nicht das Anekdotische und Ironische. Schielt nicht auf den Hauptstrom der öffentlichen Vorurteile und Klischees, sondern bleibt im Zentrum der neutestamentlichen Botschaft. Ganz nah am Evangelium. Und bei den Menschen, für die diese Botschaft bestimmt ist.", heißt es in der Laudatio, die anlässlich des Gewinns des Predigtpreises für sie 2001 gehalten wird.

Sternstunde der Predigt

Dabei trägt sie ihre Position mit wünschenswerter Klarheit, aber ohne jede Überheblichkeit vor. Mit keinem Satz schaut die Predigerin auf andere herab. Auch da, wo sie sich mit anderen Meinungen auseinandersetzt, spricht sie mit Respekt von ihrem Gegenüber – ja, eigentlich spricht sie mit ihrem Gegenüber. „Wer mit Gott reden will, ohne mit den Menschen zu reden, dessen Wort vollendet sich nicht. Wer aber mit den Menschen reden will, ohne mit Gott zu reden, dessen Wort geht in die Irre", hat Martin Buber gesagt. Es ist dieser Respekt vor beiden, der Margot Käßmanns Rede in hohem Maße glaubwürdig macht.

Aber muss es bei diesem Einzelfall bleiben? Vielleicht dürfen wir es wagen, bei dieser Preisverleihung den Spieß noch einmal umzudrehen. Also nicht nur die Preisträgerin zu loben, sondern Ihnen, liebe Frau Käßmann, unsere Sache als eine Bitte mit auf den Weg zu geben.

Wir können uns vorstellen, ja, wir hören und erleben auch, dass nicht alle Prediger und Predigerinnen der lutherischen Landeskirche von Hannover die gleichen Voraussetzungen für eine gute Predigt mitbringen, wie die Landesbischöfin. Ihr Werdegang, Ihr Lebensweg sind schon etwas Besonders. Aber vielleicht können gerade Sie mit Ihren Gaben und Möglichkeiten darauf hinwirken, dass mehr Prediger und Predigerinnen tun, was sie können. Dass viele den Mut fassen, sich selbst und ihre Gelehrsamkeit zu riskieren und so einfach und konkret, so menschlich und so warm zu predigen wie ihre Landesbischöfin. Nicht alles ist ja Geschenk und Gabe. Manches kann man lernen oder weiterentwickeln. Das zu befördern, ist eine wahrhaft bischöfliche Aufgabe.

Oberkirchenrätin Cornelia Coenen-Marx in ihrer Laudatio anlässlich der Verleihung des Predigtpreises an Margot Käßmann 2001

Irmgard Reinfeld:
»Ich schätze ihre wunderbare Natürlichkeit. Sie predigt aus Überzeugung und ohne Schmeicheleien.«

77 Jahre

Margot Käßmann predigte am 30. Mai 2010 erstmals nach ihrem Rücktritt wieder in der Marktkirche in Hannover

Ihre Kritiker werfen ihr eine gewisse Naivität in ihrer theologischen Denkweise vor. Zu einfach scheinen schwierige theologische Zusammenhänge auf den Punkt gebracht, zu sehr aus dem Leben gegriffen ihre Beispiele. Doch ein Blick in ihre Predigtvorbereitung zeigt, dass Margot Käßmann genau auf diese Elementarisierung die größte Mühe und die meiste Arbeitszeit verwendet.

„Käßmanns Theologie ist keine Bibel-Diät, und sie huldigt keinem Protestantismus light. Sie ist fromm und in ihrem Gottvertrauen evangelisch geerdet, dabei spritzig und geistreich. Bei aller Intellektualität scheut sie sich überhaupt nicht, von ihren Glaubenserfahrungen und -schwierigkeiten zu reden und Einblicke in privateste Bereiche zu geben.", urteilt der Kölner Stadtanzeiger am Tag nach ihrer Wahl zur Vorsitzenden des Rates der EKD.

Hanna Kreisel-Liebermann:

» Sie predigt wortgewaltig, zugleich zart und einfühlsam. Ihre Beispiele sind überraschend und lebensnah. Ihr gelingt es, meine Phantasie zu inspirieren. «

Pastorin an der Marktkirche Hannover

Margot Käßmann wurde häufig dafür kritisiert, dass sie kein Interview und keinen Talkshowauftritt scheut. Als Bischöfin, so wurde ihr vorgeworfen, habe sie ihre Themen hauptsächlich über die Medien gesetzt. Ohne Frage: Sie hat mediale Angebote genutzt, ihre Themen öffentlich zu diskutieren. Belege dafür lassen sich tausendfach finden, aber verfolgt man den Weg zurück, den Initiativen, politische Statements und ethische Diskurse, die mit ihrem Namen verbunden sind, gegangen sind, wurzeln sie in den meisten Fällen in ihren Predigten. „Sine vi, sed verbo", so hat sie ihr Leitungsamt verstanden – und das Wort wird auf der Kanzel gesprochen. „Sine vi, sed verbo: Du kannst dich nicht mit Macht und Gewalt durchsetzen, sondern allein mit der Überzeugungskraft des Wortes, aber damit auch nicht immer, da lehrt das bischöfliche Amt auch eine gewisse Demut."

Arend de Vries:
» Mit Margot Käßmann Gottesdienste vorzubereiten und zu feiern, auf dem Kirchentag, in der Klosterkirche Loccum, dem Jugendhof Sachsenhain und an vielen anderen Orten in der Landeskirche hat Freude und Spaß gemacht. «

Geistlicher Vizepräsident des Landeskirchenamtes in Hannover

KAPITEL 6

„Jede knüpft mit am Netz" – Frauen in Führungspositionen

Leiten Frauen anders? Was ist das Weibliche an ihrem Führungsstil? Solche Fragen wurden mir oft gestellt. Es gibt so viele verschiedene Leitungsformen, wie Menschen verschieden sind. Bei Frauen fällt mir auf, dass sie sich wesentlich stärker vernetzen. Auf dem Kongress „Women in European Business“ in Frankfurt habe ich gelernt, dass dies keine spezifisch kirchliche Erkenntnis ist. Frauen leiten weniger einsam und pyramidenförmig, sondern netzförmig. Sie wollen mit möglichst vielen quer zu den Hierarchien kommunizieren. Meine Erfahrung ist, dass eine Entscheidung, selbst wenn sie schwierig ist, wesentlich nachhaltiger wirkt, wenn möglichst viele Menschen sich an ihr beteiligen konnten und wenn transparent gemacht wird, warum es diese Entscheidung ist und nicht eine andere.

Zu Anfang meiner Zeit als Bischöfin sagte mir jemand: „Ihr Vorgänger hätte den jetzt kräftig zusammengefaltet!“ Es war als Vorwurf gemeint mit der leisen Andeutung, ich würde mich nicht genügend durchsetzen. Gezeigt hat sich, dass es wesentlich besser ist, Menschen zu ermutigen, ihre Kreativität zu wecken eben durch Zutrauen, Transparenz, Beteiligung. Viele Ideen, Projekte, Kampagnen waren nur möglich, weil ich andere dafür begeistern konnte und sie den Freiraum hatten, sich selbst zu entfalten. Als Bischöfin konnte ich solchen Freiraum verteidigen, sozusagen die schützende Hand darüber halten, auch wenn nicht alles in gewohnten Bahnen verlief. Ich denke, gerade für die Kirche ist das ein angemessener Leitungsstil gemäß dem paulinischen Satz, dass es viele Gaben gibt, aber nur einen Geist, viele Glieder, aber nur einen Leib. Das wünsche ich mir, eine quirlige, lebendige Kirche, die von Ideen übersprudelt, die aber gleichzeitig das Ganze im Blick behält. Das ist Aufgabe von effektiver Leitung.

Der Rat der Rose

sei aufrecht
rät die rose
zeig dornen
sei stolz

beuge dich
nur der liebe

Kurt Marti

Zeig deine Dornen

„Sei wie das Veilchen im Moose, bescheiden, sittsam und rein. Und nicht wie die stolze Rose, die immer bewundert will sein.“ Ein Vers aus dem Poesiealbum von Margot Schulze, der späteren Bischöfin Käßmann. Sie selbst hat ihn als Mädchen auch gerne an ihre Freundinnen weitergegeben. Bescheidenheit, Sittsamkeit, Reinheit, das waren wichtige Werte für Mädchen ihrer Generation.

Am Tag der Wahl von Margot Käßmann zur Vorsitzenden des Rates der EKD lasen Journalisten in ihrem Gesicht nicht nur Freude und Erleichterung, sondern für einen Moment auch Erschrockenheit und Erstaunen. „Klar hat sie auf diesen Augenblick jahrelang hingearbeitet. Und dennoch: Für einen Moment wirkte sie so erschrocken, wie du und ich es auch gewesen wären: Ja, sie haben es wirklich getan – diese Frau gewählt, die so offen mit Zweifel und Scheitern umgegangen ist, die so sehr wie kein anderer kirchlicher Spitzenfunktionär das Private zum Politikum gemacht hat. Das hätte böse schiefgehen können, für Konservative in der eigenen Kirche und bei den orthodoxen und islamischen Brüdern glich es einer Provokation. … Das hätten sich Männer und Frauen beim Aufbruch der neuen Frauenbewegung in den 70er Jahren nicht träumen lassen, dass dies innerhalb einer Generation möglich wäre: Spitzenämter werden von einer kinderlosen Naturwissenschaftlerin und einer geschiedenen vierfachen Mutter bekleidet. Damit ist längst nicht alles geschafft. Aber allein diese Bilder in den Hauptnachrichten im Fernsehen entfalten ihre symbolische Kraft. Mädchen und Jungs im Land sehen, beim Surfen durchs Netz oder abends in der Tagesschau: Ja, es geht.“, kommentiert die Chefredakteurin von evangelisch.de, Ursula Ott. Sie ist der Meinung, dass der 28. Oktober 2009 ein guter Tag für Land und Kirche war. „Solche Tage gibt es wahrhaft nicht oft: Die evangelische Staatsbürgerin steht morgens auf und hat wenige Stunden später gleich zwei Chefinnen: eine Kanzlerin und eine

Mit Bundeskanzlerin Merkel, 2009

weibliche Ratsvorsitzende. Und das Beste ist: Beide sind es schlicht deshalb geworden, weil sie derzeit die Besten in ihrer Riege sind. Nicht weil sie eine Quote erfüllen mussten oder auf einem Frauenticket gereist sind."

In der Kirche war es für Frauen ein langer Weg, über die ehrenamtliche Tätigkeit hinaus aktiv werden zu kön-

Mit Bischof Wolfgang Huber und der Präses der EKD-Synode, Katrin Göring-Eckardt, am 28. Oktober 2009 bei der Synode in Ulm

Nach der Wahl von Katrin Göring-Eckardt zur Präses der EKD-Synode wurde der damalige Ratsvorsitzende und Berliner Bischof Wolfgang Huber gefragt, ob er sich eine weibliche Doppelspitze der EKD vorstellen könne, sollte Margot Käßmann bei der nächsten Tagung der Synode zur Ratsvorsitzenden gewählt werden. Er reagierte mit einer Gegenfrage:

» Würden Sie mich das auch fragen, wenn es sich um zwei Männer handelte? «

nen und in Führungspositionen bleiben sie bis heute unterproportional vertreten. Dabei werden bereits im Alten Testament Prophetinnen namentlich erwähnt, das Neue Testament stellt Maria, die Mutter Jesu und Maria von Magdala in einen Deutehorizont, der sie konturiert und zu mehr macht als zu damals üblichen weiblichen Randfiguren. Von der Apostelin Junia und der Diakonin Phoebe ist die Rede. Historikern zufolge soll es im frühen Christentum viele Amtsträgerinnen gegeben haben, darunter wohl auch Bischöfinnen. Die Kirche des Mittelalters kennt einige prägende Frauengestalten wie Elisabeth von Thüringen, Hildegard von Bingen und Elisabeth von

Calenberg. Vor dem Zweiten Weltkrieg waren in einzelnen evangelischen Landeskirchen examinierte Theologinnen als Seelsorgerinnen in Krankenhäusern und Gefängnissen sowie als Religionspädagoginnen tätig. Hanna Jursch erhielt als erste Theologin 1956 in Jena einen Lehrstuhl an der theologischen Fakultät. Elisabeth Haseloff und Waltraud Hübner wurden Ende der 50er Jahre als erste Gemeindepfarrerinnen in Lübeck und Frankfurt eingeführt. Erst viel später wurde die Verpflichtung, als Frau unverheiratet im Pfarrdienst zu bleiben, abgeschafft. Schaumburg-Lippe war die letzte Mitgliedskirche der EKD, die 1991 die Ordination von Frauen als Pastorinnen zuließ. Ein Jahr später wurde Maria Jepsen in Hamburg als weltweit erste lutherische Bischöfin in ihr Amt eingeführt. Ihr folgten Bischöfin Margot Käßmann 1999 in Hannover, Bischöfin Bärbel Wartenberg-Potter 2002 in der Nordelbischen Kirche und acht Jahre später wurde schließlich mit Bischöfin Ilse Junkermann in der Evangelisch-lutherischen Kirche in Mitteldeutschland die vierte Frau Deutschlands in das Bischofsamt eingeführt. EKD-weit gab es Ende 2005 mehr als 19.000 Pfarrer, davon waren 5.588 Frauen. Vor 20 Jahren waren von 18.000 Theologen in der evangelischen Kirche rund 2.100 weiblich. Die Statistiken le-

Margot Käßmann:
»Die Frauenordination ist einer der zentralen Faktoren der Kirchentrennung.«

Was ist Leitung?

Wenn ich persönlich für meine eigene Erfahrung den Begriff geistliche Leitung reflektiere, denke ich an verschiedene Dimensionen:

Zum einen die Predigt. Als ich das Bischofsamt übernommen habe, war ich etwas predigtentwöhnt. Nach den Jahren in der Gemeinde war ich in der Akademie, dann Generalsekretärin des DEKT. In diesen Ämtern habe ich vielleicht zehnmal in zehn Jahren gepredigt. Als Bischöfin bin ich sehr stark im Predigtamt gefordert. Das ist sicher ein erster Schlüssel zum geistlichen Leiten: das Wort Gottes ins Gespräch bringen, die Schritte in die Zukunft immer wieder im Gespräch mit der Bibel klären.

Das zweite ist die Auskunftsfähigkeit in Glaubensfragen. Von einer Bischöfin werden – insbesondere in den zahlreichen Vorträgen – leitende Perspektiven erwartet, die eine Dimension einbringen, die über uns hinausgeht, nicht machbar ist. Nicht die „Sozialtante" ist da gefragt, sondern eine geistliche Zugehensweise. Gefragt ist nicht meine spezifische Präsenz, sondern sind wir Christinnen und Christen auskunftsfähig für Menschen auf der Suche?

Aber ist das schon Leitung? Das Grimm'sche Wörterbuch erklärt, beim „Leiten" gehe es darum, dass jemand einen Weg weist, persönliche Führerschaft übernimmt. Geistlich wird als Gegensatz zu leiblich, fleischlich, natürlich definiert und schon im ersten Definitionsgang bereits auf den kirchlichen Gebrauch bezogen und Luther, „Von der Freiheit eines Christenmenschen", zitiert: „Ein jeder Christenmensch ist zweierlei Natur, geistlicher und leiblicher." Kommt da nicht beides schon zusammen: die eigene Glaubenshaltung, die eigenen Quellen und gleichzeitig die notwendige Professionalität?

Margot Käßmann

Besuch von Bundespräsident Horst Köhler und dem niedersächsischen Ministerpräsidenten Christian Wulff, 2004

gen nahe, dass in Zukunft noch häufiger Frauen auf der Kanzel stehen. „Haben Sie einen femininen Leitungsstil?" wird Margot Käßmann in Interviews gerne gefragt. Bei einer Bischöfin, die vor ihr in Deutschland das Amt bekleidete, kann es so viele Vorbilder im Amt noch nicht geben. Um diese Frage zu beantworten und den eigenen Stil auszufeilen, beobachtet Margot Käßmann führende Frauen in anderen Arbeitsfeldern und erkennt ähnliche Muster: „Frauen leiten eher netzförmig, Männer eher pyramidenartig. Doch, da kann ich mich wiederfinden. Ich brauche Netze, in denen ich kommuniziere, Unfertiges berate, miteinander Wege suche. Einsame Leitungsentscheidungen liegen mir nicht. Und wenn es um die geistliche Dimension geht: Ein Gespräch mit Gott hat mir manches Mal geholfen, den eigenen Weg zu finden. Dabei konnte ich nicht immer sagen, ob es der richtige Weg ist, die einzig mögliche Entscheidung. Aber es war eine, zu der ich stehen konnte." Sie ermutigt Frauen zur Übernahme von

Margot Käßmann:
» Machtverlust bedeutet auch Freiheit «

Beim ökumenischen Kirchentag in München, drei Monate nach ihrem Rücktritt

Macht. „Ich möchte jungen Frauen Mut machen, es zu wagen, in verantwortungsvolle Positionen zu gehen." Sie wird kritisiert für ihre These von netzförmiger Leitung. Wer nicht Teil des Netzes ist und trotzdem mitleiten soll, fühlt sich ausgeschlossen. Wer leitet, erntet Kritik. Und muss mit Einsamkeit leben. „Macht macht Angst", räumt Margot Käßmann auch ein und betont, dass zu ihrem Amt als Landesbischöfin manche schlaflose Nacht gehört.

Veilchen sind nicht die Lieblingsblumen von Margot Käßmann geworden. Heute verschickt sie zu verschiedenen Anlässen gerne eine Karte mit einer Rose und einem Gedicht von Kurt Marti: „Sei aufrecht, rät die Rose, zeig Dornen, sei stolz, beuge dich nur der Liebe."

Margot Käßmann:
» Was das Heil betrifft, so gibt es keinen Unterschied zwischen Frauen und Männern. Wie das Zölibat, so kann demnach auch die Frauenordination Zeichen der zukünftigen Welt sein! «

Mit Oberprediger Klaus Pönninghaus und Landesbischof Friedrich beim Festgottesdienst zur Amtseinführung von Landesbischof Karl-Hinrich Manzke (rechts), 2010

Klassisch oder trendy? – „Ihr Stil ist wahrhaftig, darauf kommt es an!“

Gespräch mit Sandra Immoor,
Chefredakteurin von BILD der FRAU

Frau Immoor, wie stehen Sie persönlich zur Bischöfin?

Brustkrebs, Scheidung, Promille-Fahrt: Margot Käßmann ist mit allen „Schicksalsschlägen“ in ihrem Leben offen umgegangen. Sie wirkte willensstark und verletzlich zugleich, hat nichts beschönigt, immer gesagt: „Kein Mensch ist frei von Fehl und Tadel.“

Mir imponieren Menschen, die wahrhaftig und glaubwürdig sind. Die konsequent zu ihren Überzeugungen und zu ihren Fehlern stehen, sich selbst treu bleiben – gerade und erst recht in öffentlichen Ämtern. Es gibt von diesen Menschen nicht allzu viele. Darum sehe ich in Margot Käßmann ein Vorbild.

Wir würden Sie Margot Käßmanns Mode-Stil beschreiben?

Zunächst einmal bleibt festzuhalten, dass Sie einen Stil hat. Das ist nicht selbstverständlich. Stil ist etwas Persönliches, das unterscheidet ihn von der Mode. Margot Käßmann ist stilsicher, nichts wirkt beliebig oder zusammengewürfelt. Ihre Outfits passen zu ihrer zierlichen Figur und zu ihrer Persönlichkeit. Grundsätzlich würde ich Ihren Stil als gepflegt und geradlinig beschreiben. Aber sie setzt auch ganz bewusst weibliche Akzente, indem sie zum Beispiel eher nicht den in Frauen-Chefetagen dominierenden Hosenanzug trägt, sondern Kostüme mit knielangen Röcken in klaren Linien. Da passen Kleidung und Typ zusammen. Auch ist ihr Stil wahrhaftig. Ich sehe eine

Frau und keine Fassade. Oder anders gesagt: Ich könnte sie mir nicht im Dirndl vorstellen...

Geht sie mit dem Trend der Frauen-Mode? Ist Margot Käßmanns Stil typisch für eine Frau ihres Alters?

Wenn wir jung sind, sagt die Mode etwas darüber aus, wie wir sein möchten. In älteren Jahren sollte unsere Mode zeigen, dass wir wissen, wer wir sind. Dann geht es um Stil und Persönlichkeit.

So ist das auch bei Margot Käßmann: Natürlich sind ihre Outfits modisch trendy – aber nie im Sinne von ausgefallen, flippig oder verspielt. Sie muss sich nicht mehr verkleiden oder dekorieren, sie will einfach gut gekleidet sein. Frau Käßmann kombiniert ihre sportlich-eleganten Kostüme mit passenden Schuhen und modernen Accessoires. Ein unkomplizierter Look, der sitzt, statt zu knittern. Gute Schnitte, gute Materialien. Aber ihre Kleidung wirkt nicht von sich aus, sondern nur in Verbindung mit ihrer Trägerin – sie und das, was sie zu sagen hat, sind die Nr. 1. Trotzdem ist Margot Käßmann eine Frau, die Wert auf Mode und Aussehen legt.

Woran merkt man das?

Dass sie alle sechs Wochen zum Friseur und regelmäßig zur Kosmetikerin geht, hat sie in Interviews selbst gesagt. Sie ist außerdem passionierte Joggerin, hält sich und ihre Figur fit. Bei ihr findet sich nichts von der frisurlosen Birkenstock-Optik der Pastoren, Pastorinnen und Diakoninnen, die ich noch aus meiner eigenen Konfirmandenzeit kenne. Margot Käßmanns Auftreten sagt: Ich muss nicht schlampig rumlaufen, um deutlich zu machen, dass es auf innere Werte ankommt.

Katrin Göring-Eckardt:
» Die kurzen 120 Tage der weiblichen Doppelspitze von Vorsitzender des Rates der EKD und Präses der Synode war als erste ihrer Art etwas Besonderes und zugleich etwas Selbstverständliches. Denn gottlob ist unsere evangelische Kirche in Sachen Gleichberechtigung von Frauen und Männern in den vergangenen Jahren vorangekommen. Weibliche Doppelspitze heißt auch mit vereinten und verdoppelten Kräften unsere Kirche zum Ort eines fröhlichen Protestantismus zu machen – mit Herz und Verstand – eine Kombination, die Frauen besonders wirksam einzusetzen vermögen. «

Präses der EKD-Synode

Margot Käßmann mit ihrem Friseur
Peter Grontzki, 2009

Tiefe Religiosität schließt Trendbewusstsein nicht aus und Schönheit schon gar nicht.

Bemerkenswert finde ich in diesem Zusammenhang auch das Kreuz, das Margot Käßmann in vielen Variationen trägt: groß, klein, aus Perlen bestehend, am Lederband, an der Silberkette… Sie passt dieses Symbol des Christentums, das Hoffnungszeichen, ihrem persönlichen Outfit an. Und es verliert dadurch nichts von seiner Kraft. Das ist für mich ein Hinweis auf modern gelebten Glauben. Unverkrampft und ungekünstelt.

Darum auch ihre Kurzhaar-Frisur?

Na ja, ich denke, zuallererst ist dieser stufige Kurzhaarschnitt praktisch. Außerdem steht er ihr. Und er zeigt (genau wie die grauen Strähnen, die bei ihr grau bleiben dürfen): Da ist jemand, der hat seinen eigenen Kopf.

Oft ist Kleidung heute aber doch Inszenierung. „Kleider machen Leute“: Stehen Frauen in der Öffentlichkeit nicht noch viel mehr unter diesem Druck als Männer?

Klar. Das war aber schon immer so, außer vielleicht zu den Zeiten des Sonnenkönigs Louis XIV in Frankreich: Da fanden seine weißen Strümpfe, seidenen Hosen und Brokatjacken mehr Beachtung als die Roben seiner letzten Mätresse, Madame de Maintenon. Aber im Ernst: Frauen werden immer noch ruck, zuck aufs Äußere reduziert. Wir sind dann wahlweise „zu weiblich“ oder „zu männlich“. Bei Männern sind allenfalls mal die bunten Entchen auf der Krawatte ein Thema.

Erste Pressekonferenz als neue Ratsvorsitzende der Evangelischen Kirche in Deutschland (EKD), 2009

Und was tut Frau am besten dagegen?

Sich nicht verkleiden, sondern ihren Stil leben. Das gibt Selbstsicherheit im Auftritt und Gelassenheit bei Kritik. Das signalisiert: Da ist eine in einem Amt, in das sie hineingehört. Und das ist dann eben keine Inszenierung, sondern einfach ein Statement. Gute Beispiele dafür sind – neben Margot Käßmann– auch die ehemalige US-Außenministerin Condoleezza Rice, Päsidentengattin Michelle Obama, Schwedens Königin Silvia oder die deutsche Verlegerin Friede Springer.

Aber kann eine Frau in einer Führungsrolle ihre Wirkung mit ihrem Aussehen stärken oder schwächen – und darf das in der Kirche eine Rolle spielen?

Das richtige Outfit vermittelt Kompetenz und Glaubwürdigkeit. Überall. Frauen sind also stets gut beraten, ihrem Job angemessen aufzutreten. Männer übrigens auch. Käme Vorstandschef Josef Ackermann in „Destroyed Jeans" zur Bilanzpressekonferenz der Deutschen Bank, gäbe es wohl auch Irritationen.

Margot Käßmann hat zum Thema Mode gesagt: „Das Leben auf Schönheit zu reduzieren, finde ich hoch problematisch." Wie gehen Sie als Chefredakteurin der auflagenstärksten Frauenzeitschrift damit um? Müssen Sie nicht auch Schönheits-Ideale transportieren?

Nein, so eine Zeitschrift sind wir nicht. Wir zeigen keine Magermodels, die sich in Designermode räkeln,

Maria Jepsen:

» Wir sind es doch nicht, die da die Kirche erhalten könnten. Unsere Vorfahren sind es auch nicht gewesen. Unsere Nachkommen werden es auch nicht sein; sondern der ist's gewesen, ist's noch und wird's sein, der da sagt: ‚Ich bin bei euch alle Tage bis an der Welt Ende.' Diese Sätze Luthers, die man gerade auch als bischöfliche Amtsanweisung begreifen kann, machen demütig und mutig zugleich. Sie pusten uns die Wichtigtuerei aus dem Kopf und die Resignation aus dem Herzen. Sie drehen unsere Ohren weg vom Lauschen auf Beifall und Applaus in Richtung auf Gottes biblische Zusagen und Einsprüche, seine scharfen und seine weichen Sätze. Margot Käßmann hat sich bewusst als lutherische Bischöfin verstanden, auch auf diesem Hintergrund. Das ist Grund genug zum Danken! «

Bischöfin, Hamburg (1992-2010), erste lutherische Bischöfin weltweit

Offizielles Pressefoto von Margot Käßmann, 2009

In der Diskussion, 2007

sondern das „girl next door", mit dem man gern am Gartenzaun plaudert. Unsere Leserin steht mitten im Leben – und genau da holen wir sie auch ab. Wir sagen: „Du bist gut, so wie du bist. Aber wenn du etwas Neues ausprobieren willst, beraten wir dich gern und helfen dir." Natürlich wäre es falsch, das Leben auf Schönheit zu reduzieren. Aber mal ehrlich: Schönheit ganz aus dem Leben zu streichen, wäre auch ziemlich deprimierend.

In ihrem Buch „In der Mitte des Lebens" kritisiert Margot Käßmann den Schönheits- und Jugendwahn in unserer Gesellschaft. Zu Recht?

Völlig zu Recht. Weil wahre Schönheit wirklich von innen kommt. Sie lässt sich nicht durch Operationen oder Styling-Tricks „verursachen" (Audrey Hepburn zum Beispiel hatte nicht mal Ohrlöcher). Schönheit ohne innere Substanz gibt es nicht. Man kann vielleicht innen hohl und gleichzeitig hübsch, begehrenswert, sexy sein – aber niemals wirklich schön. Darum ist Jugendwahn in vielen Fällen ein Stilverhinderer und Lebenserfahrung oft sogar ein Schönmacher. Außerdem ist Schönheit individuell und liegt, Gott sei Dank!, im Auge des Betrachters. Die Liebe macht jeden von uns wunderschön. Oder haben Sie schon mal eine hässliche Braut gesehen? Aber das alles macht den grassierenden Jugendwahn natürlich nur um so trauriger.

Und was können Kirchenvertreter oder Sie als Chefredakteurin dagegen tun?

Den Austausch der Generationen fördern. Gelassenheit feiern. Vorleben, dass Herz und Kopf wichtiger sind als das Geburtsdatum. Und es mit Pablo Picasso halten, der gesagt hat: „Man braucht sehr lange, um jung zu sein.“

KAPITEL 7

Vielfalt ist Reichtum – Unterwegs in der Landeskirche

Als ich in Hannover zur Landesbischöfin gewählt wurde, hatte ich keine Vorstellung von der Größe dieser Landeskirche. Meine neuen Mitarbeitenden schenkten mir eine riesige Landkarte, die fortan in der Kanzlei hing. Eine erste Übung war es, die Grenzen einzuzeichnen. Manches Mal mussten wir im Gemeindeverzeichnis nachschauen, um den Grenzverlauf zu markieren. Dann häuften sich die Stecknadeln, die zeigten, wo ich schon gewesen war: in Wrisbergholzen und in Bagband, in Papenburg und in Tripkau, in Hannoversch-Münden und in Neu Wulmsdorf. Ich habe das als spannend erlebt. Wie verschieden kann Kirche sein! Die Herausforderungen in Ostfriesland, etwa auf den Inseln mit viel Tourismus. Oder die Diasporasituation im Südharz. Die Kirche in Buer mit der höchsten Kanzel der Landeskirche, auf der einem leicht schwindelig werden kann oder die ehrwürdige, tausendjährige Michaeliskirche in Hildesheim…

In den knapp elf Jahren konnte ich alle 57 Kirchenkreise besuchen und habe das Engagement der Haupt- und Ehrenamtlichen gesehen, im Gottesdienst wie in der Diakonie, in den vielen Posaunenchören und lokalen Projekten. Die Landesbischöfin ist dabei immer wieder Integrationsfigur: Von Melle aus gesehen ist Hannover weit und warum sollte sich jemand in Hannoversch-Münden für Aurich interessieren? Doch ist gerade die Größe und Weite einer Landeskirche wichtig für den Ausgleich, für das Lernen voneinander, für das Miteinander von Arm und Reich, von traditionell und aktuell. Das gibt Freiheit, verschiedenes auszuprobieren, auf unterschiedliche Weise Kirche zu sein, zu sehen, dass es am Stadtrand von Hamburg andere Herausforderungen gibt als in Papenburg, und die Frömmigkeit in Selsingen eine andere ist als die in Osnabrück. Eine Landeskirche in solcher Vielfalt kann sich gegenseitig stützen und bereichern!

Von Emden bis...

„Du stellst meine Füße auf weiten Raum". Wie weit der Raum in der Evangelisch-lutherischen Landeskirche Hannovers wirklich ist, hat Margot Käßmann kaum geahnt, als sie sich *Psalm 31, 9* als Leitwort für ihre Einführung als Landesbischöfin ausgesucht hat. Mehr als zehn Jahre hat ihr Fahrer sie über eine halbe Million Kilometer landauf, landab gefahren: von der holländischen Grenze bis zur Elbe, von der Nordsee und den in hannoversches Gebiet hineinragenden Ausläufern von Hamburg bis kurz vor die Tore Kassels. Währenddessen bearbeitete sie auf dem Rücksitz Akten, schrieb Mails und SMS, las Post und telefonierte.

Superintendent Ralph Charbonnier dankt Margot Käßmann für ihren Besuch des Kirchenkreises, 2009

So vielfältig wie die Landschaft, so unterschiedlich sind die Menschen mit ihren je eigenen Frömmigkeitsprägungen in den sechs Sprengeln, in die die hannoversche Landeskirche sich aufgliedert. Da gibt es viele, die tief verwurzelt sind im evangelischen Glauben wie die Hermannsburger Tradition mit ihren großen Missionsfesten. Anders in Göttingen, wo das Leben durch die Universität mit einer Theologischen Fakultät geprägt ist. Im Westen ist Osnabrück gar nicht nur hauptsächlich katholisch, wo sich Jahrhunderte lang ein evangelischer und ein römisch-katholischer Bischof auf dem Bischofsstuhl abgewechselt haben. In Ostfriesland macht nicht nur der Tee munter, sondern auch das Engagement in der Tourismusseelsorge. Und im Osten: weites Land der Lüneburger Heide, einst abgeholzt zur Salzgewinnung, denn dieses Salz bedeutete Reichtum. Aber auch hier keineswegs eine öde Landschaft, sondern kulturelle Vielfalt, politischer Diskurs, wie etwa im Wendland die Debatte um das Endlager für atomaren Abfall.

Knapp 3 Millionen Mitglieder zählen zur Landeskirche, die zahlenmäßig die größte in Deutschland ist. 2020 Pastorinnen und Pastoren und 687 Diakoninnen und Diakone sind in 1547 Kirchen- und Kapellengemeinden und in zahlreichen Einrichtungen für Verkündigung, Seelsorge und

Bischöfin predigt in der Raffinerie

Die Bischöfin der Evangelisch-Lutherischen Landeskirche Hannovers, Margot Käßmann, hat beim Amtsantritt versprochen, allen heute 57 Kirchenkreisen einen Tagesbesuch abzustatten und zwar einfach so. Kein Kirchenjubiläum, keine Amtseinführung musste gemeldet werden, damit sich Käßmann auf den Weg macht.

Fast auf den Tag genau zehn Jahre hat sie für die Rundreise zwischen Elbmündung und Oberweser, zwischen Ems- und Wendland gebraucht. Auch ungewöhnliche Herausforderungen galt es zu meistern, etwa im Kirchenkreis Burgdorf.

Eine Predigt in einer Raffinerie, in Dollbergen, im Osten der Region Hannover sollte es sein. Den Ort hatten die Burgdorfer mit Bedacht gewählt, denn in der hochmodernen Anlage wird Altöl recycelt und damit ein Beitrag zur Nachhaltigkeit, also zur gerechten Verteilung der Ressourcen zwischen den Generationen und zur Bewahrung der Schöpfung geleistet. Um die 400 Gäste hörten, wie Käßmann inmitten der leise zischenden Filtrieranlagen aus dem 21. Jahrhundert über Kain und Abel predigte und dabei an Gottes Bund erinnerte und auch an unseren Auftrag, die Erde zu bewahren.

Die Raffinerie war nur der Schlusspunkt der Visite. Bei einem Besuch der Kooperativen Gesamtschule Sehnde am Nachmittag nutzten Schüler der Oberstufe die Begegnung mit der Bischöfin für sehr direkte Fragen und bekamen sehr persönliche Antworten. So erfuhren die Jugendlichen von Käßmanns Begeisterung für Martin Luther King als Elftklässlerin in den USA, hörten, dass es aus ihrer Sicht „verantwortliche Sexualität vor der Ehe" geben kann, und dass auch die oberste Kirchendienerin keine konkrete Vorstellung davon hat, wie das Leben nach dem Tod aussieht.

Stefan Heinze, Freier Journalist und Fotojournalist

Hans-Hermann Jantzen:
» Margot Käßmann hat unserer Landeskirche ein neues Gesicht gegeben: fromm und weltoffen, ökumenisch und protestantisch. Ich möchte die spannenden Jahre mit ihr nicht missen. «

Landessuperintendent in Lüneburg

Unterricht zuständig. Bei den Kirchenmusikerinnen und Kirchenmusikern sorgen über hundert Hauptamtliche und viele Neben- und Ehrenamtliche für die musikalische Bildung und Verkündigung in den Gemeinden und Kirchenkreisen. Superintendentinnen und Superintendenten gestalten die Leitungsaufgabe in den Kirchenkreisen und fünf Landessuperintendenten und eine Landessuperintendentin üben die geistliche Leitung in den Sprengeln aus. In jedem Sprengel vertreten kirchliche Einrichtungen in Diakonie, Sozialarbeit und Weiterbildung die hannoversche Landeskirche vor Ort. „Die Erfahrung hat mich bewegt, dass wir in Gottes Auftrag mit Menschen vertraut werden dürfen, die wir vorher nicht gekannt haben." resümiert Margot Käßmann, nachdem sie alle 57 Kirchenkreise der Landeskirche besucht hat.

Manchmal wird sie von Journalisten begleitet, die wissen wollen, wie die Menschen auf Margot Käßmann

Empfang der niedersächsischen Äbtissinnen, 2008

Evangelisch-lutherische Landeskirche Hannovers Sprengel und Kirchenkreise

Stand 1.7.2007

reagieren, wenn sie Gemeinden besucht, Vorträge hält, predigt. „Wenn man mit Margot Käßmann unterwegs ist, dann stehen am Ende einer Veranstaltung, eines Vortrags, immer Frauen da, die in der Mitte des Lebens sind, oder darüber. Es sind die Frauen, die die evangelische Kirche seit Jahrzehnten tragen. Die Kuchen backen für Gemeindefeste, die sich in der Telefonseelsorge ehrenamtlich die Nächte um die Ohren schlagen. Die selten zu Wort kommen unter den vielen redenden und meinenden Männern. Die sonntags in schlecht beheizten Dorfkirchen dünne Kissen auf die Bänke legen. Sie stehen kostenlos in Kirchencafés, um kostenlose Suppen an arme Schlucker auszuteilen. Es gibt viele solcher Frauen. Margot Käßmanns Wahl zur obersten Kirchenfrau des Landes ist für

Burkhard Guntau:

» Alle Mitarbeitenden sind der wahre Schatz der Kirche. Strukturen, Gebäude und Organisationsabläufe können engagierte Menschen nicht ersetzen. Die Kirche muss gerade den Zweiflern nahe sein und sich ihnen und ihren Fragen zuwenden. Das heißt, dass sie auf Menschen zugehen muss und nicht darauf warten darf, dass die Menschen zu ihr kommen. «

Präsident des Landeskirchenamtes in Hannover

sie wie eine Belohnung, eine Stellvertreterbelohnung.", fasst Renate Meinhof ihre Beobachtungen in der Süddeutschen Zeitung zusammen.

Neben allen dienstlichen Mails, Briefen und Gesprächen mit allen, die in der Landeskirche Verantwortung tragen, liegen Margot Käßmann die persönlichen Geschichten der Menschen, die gerne „die Basis" genannt werden, am Herzen. Sie leidet darunter, wenn ihr hier und da Basisferne unterstellt wird, die angesichts des hohen Arbeitspensums und der Termindichte einer Bischöfin der größten Landeskirche in Deutschland eigentlich nicht verwunderlich wäre. Doch es kränkt die Frau, die ihre Herkunft aus „einfachen Verhältnissen" nie vergessen hat, die sich gerne bedankt bei denen, die die Arbeit im Hintergrund für sie machen und für eine Kultur der Achtsamkeit wirbt. Ihr Anspruch an sich selbst ist hoch. Zu wenig Zeit für Einzelschicksale zu haben, gehört für sie zu den bitteren Erfahrungen des Bischofsamtes, räumt sie im privaten Gespräch schon einmal ein.

„Leitung ist für mich bestimmt durch Kommunikation und Begegnung." Mit hohem Tempo knüpft sie Netzwerke, ermutigt zu visionärem Arbeiten, leidet dabei auch am Festhalten von Traditionen und eingefahrenen, verschlungenen Wegen. Manchmal muss sie sich vorwerfen lassen, zu sehr als „Solotänzerin" aufzutreten, zu schnell

Weiter unterwegs im Kirchenkreis

An der Schule, an der die Bischöfin gerade noch mit Jugendlichen diskutiert hatte, sitzt sie zehn Minuten später auf einem Podium mit der Vorsitzenden des Schulleitungsverbandes Niedersachsen, Helga Ackermann, und weiteren Gesprächspartnern: „Warum Religionsunterricht an öffentlichen Schulen?". Irgendwo müsse die Wertevermittlung stattfinden, argumentierte Käßmann und befürwortete auch islamischen Religionsunterricht, eine Position der evangelischen Kirche, die sie immer wieder argumentativ vertritt.

zu sein, zu unorthodox im Denken und Handeln. Sie trifft sich jährlich mit allen Superintendentinnen und Superintendenten der Landeskirche zum thematischen Austausch, besucht die Konferenzen der Haupt- und Nebenamtlichen, feiert nahezu jeden Sonntag einen Festgottesdienst in einer Gemeinde der Landeskirche. „In unserer Landeskirche ist es immer wieder gelungen in den letzten zehn Jahren, trotz des Ringens um Haushaltskürzungen, trotz schmerzlicher Prozesse des Abschieds von Liebgewordenem, trotz der Auseinandersetzungen zwischen Arbeitgeber- und Arbeitnehmerseite, beieinander zu bleiben als gemeinsam Ausgesandte. Dafür bin ich dankbar. Und ich bin dankbar für alle Weggenossenschaft auch für mich als Bischöfin".

Und wenn ihr Fahrer sie am Abend eines Besuchstages durch die flache Heide oder den Teutoburger Wald zurück zur Bischofskanzlei nach Hannover fährt, dann denkt sie manches Mal: „Ja, hier kann ich mich mit vielen anderen evangelischen Christinnen und Christen mit meinem Glauben gut beheimaten und wahrnehmen, was der Psalmbeter sagt: ‚Du stellst meine Füße auf weiten Raum'."

Um die Projekte des Kirchenkreises Burgdorf ging es am Vormittag in einem Treffen mit knapp 50 hauptamtlichen Mitarbeitern des Kirchenkreises. Der Kirchenkreis nutzte die Chance, der Bischöfin von Besonderheiten wie dem Familienzentrum der Burgdorfer Paulus-Gemeinde oder dem Kirchenladen „Benefizz" in der Stadt zu berichten.

Das Engagement der Gemeinden, über ihre Grenzen hinaus mit Projekten auf Menschen zuzugehen, fand bei Käßmann viel Anerkennung. „Die Grundbindung an den christlichen Glauben findet in der Ortsgemeinde statt", gab die Bischöfin aber zu bedenken. „Warum verstehen Menschen aus Projekten das nicht als Einladung in den Gottesdienst?", benannte Käßmann eine auch für sie offene Frage.

Detlef Klahr:
» Die Landesbischöfin hat die unterschiedlichen Regionen unserer Landeskirche in ihrer Vielfalt immer als großen Schatz begriffen. Es war enorm, wie sehr sie sich auf die Besonderheiten vor Ort eingelassen hat. In Ostfriesland konnte sie dann schon mal mit einem plattdeutschen Satz überraschen. «

Landessuperintendent in Ostfriesland

In der kapellengroßen Erlöser-Kirche in Dollbergen gab der Kirchenkreis der Bischöfin dann noch Einblick in seine Bemühungen um die notwendige Reduzierung von Gebäudeflächen, Energiesparmaßnahmen und andere Strategien der Kostensenkung. Mit dem Segen in der benachbarten Raffinerie endete für Käßmann nach fast zehn Stunden Programm der 56. Kirchenkreisbesuch. Nur der Kirchenkreis Uelzen steht noch aus, dann hat sie ihr Versprechen vom Amtsantritt eingelöst.

Stefan Heinze, Freier Journalist und Fotojournalist

KAPITEL 8

„Wenn dein Kind dich morgen fragt...“ Kirchentag 2005 in Hannover

Es war Bilderbuchwetter und Bilderbuchstimmung. Hartwig Bodmann, einer der Geschäftsführer des Deutschen Evangelischen Kirchentages, sagte, Hannover sei halt die ideale Kirchentagsstadt: groß genug und mit einem wunderbaren Messegelände. Aber auch klein genug, dass die ganze Stadt etwas davon spürt . Und so war es, Kirchentag war überall gegenwärtig in der Stadt. Mittwochmorgens durfte ich in der Verkehrsleitzentrale einen Segen für alle Straßenbahnfahrer sprechen: eine Minute Stillstand, alle machten mit. Und am Montag danach sagte mir die Frau an der Kasse bei Rewe: „Frau Käßmann, wir waren dauernd ausverkauft mit Wasser und Obst und Chips und diese Stimmung! Großartig!“ Auch im Kleinen zeigt sich, dass die Mühen der Vorbereitung wunderbare Wirkung hatten.

Für mich war am Eröffnungsabend der Opernplatz ein besonderer Anblick: Eine Predigt vor 60 000 Menschen an einem solchen Ort hältst du nicht jeden Tag. Dann am Abend der Blick auf das Leineufer, zigtausende Menschen, die stille werden, Abendgebet und Abendsegen mitbeten und dann Kerzen anzünden und singen: „Der Mond ist aufgegangen.“ Der Schlussgottesdienst, der den hannoverschen Schützenplatz zum Gottesdienstort werden ließ. Momente, die unvergesslich sind. Am Ende gab es einen Empfang für alle Beteiligten im neuen Rathaus und abends lag ich einfach nur absolut übermüdet und sehr glücklich im Bett. Das Wetter wechselte mit dem Ende des Kirchentages und es wurde Alltag in unserer Landeskirche. Aber eben ein Alltag, der inspiriert war von Begegnungen, von Begeisterung, von neuen Ideen und Erfahrungen. Kirchentag ist sicher eine „Tankstelle für die Seele“, aber auch eine Art Kreativzentrum für Gemeinden und Projekte, eine Art Ideenbörse, ein Fest und ein Manifest des Protestantismus.

„Weihnachten bei 30 Grad" – Fünf Tage im Mai 2005

Ulrike Millhahn, Chefredakteurin

Pünktlich zum Beginn des Kirchentages am 25. Mai 2005 kommt der Sommer nach Hannover – und wie. Schon am ersten Abend gehen den Wirten in der Altstadt die Gläser aus. Der Ansturm von knapp 400.000 gutgelaunten Menschen, die auch lange Wartezeiten geduldig hinnehmen, ist gewaltig. Noch nie hat der traditionelle „Abend der Begegnung" am Eröffnungstag derartige Massen angelockt. So wird es auch in den nächsten Tagen bei strahlendem Sonnenschein bleiben.

Margot Käßmann gemeinsam mit Oberbürgermeister Herbert Schmalstieg (links) und Landtagspräsident Jürgen Gansäuer, 2005

Am Stand des Landeskirchenamtes

Für Margot Käßmann ist der 30. Deutsche Evangelische Kirchentag in doppelter Hinsicht ein Heimspiel. Als seine ehemalige Generalsekretärin hat sie zwischen 1994 und 1999 selbst drei Christentreffen mit vorbereitet. Als hannoversche Landesbischöfin betont sie: „Dem Kirchentag kann ich nur sagen, herzlich willkommen zu Hause!“ 1949 wurde der erste Kirchentag vom späteren Bundespräsidenten Gustav Heinemann in Hannover ausgerufen und kehrte 1967, 1983 und eben 2005 zurück.

Herbert Schmalstieg:

»Hannover ist die Stadt der Kirchentage und ist für die Protestanten das, was für die Katholiken der Vatikan ist.«

Ehemaliger Oberbürgermeister von Hannover

Schon Stunden vor der Eröffnung erlebt die Stadt ihr „blaues Wunder“ mit den gleichfarbigen Halstüchern, auf die das Kirchentagsmotto „Wenn dein Kind dich morgen fragt…“ gedruckt ist. Jung und Alt sitzen auf Bordsteinen oder breiten ihre Isomatten auf dem Asphalt aus. Rund 60.000 Zuhörer unterbrechen die Predigt der Bischöfin im

Eröffnungsgottesdienst

Heinz-Rudolf Kunze:

» Der Kirchentagssong war ein interessantes Zweckbündnis zwischen der Kirche und mir. Ich bin zwar kein Christrocker, aber im Gegensatz zu vielen aus der Musikbranche immer noch bekennender Protestant. Einigen Hardlinern aus der Kirche war mein Text zu wenig christlich. Aber ich wollte mit dem Song so viele Menschen wie möglich ansprechen, die irgendwie an Gott glauben. Darum hat es mich gefreut, dass der Auftritt vor 20.000 Leuten auf dem Kirchentag dann auch so ein Erfolg war. «

Deutscher Musiker

Eröffnungsgottesdienst immer wieder mit euphorischem Beifall. Etwa, wenn sie in die Menge ruft: „Es ist wunderbar, mit Kindern leben zu dürfen – Mensch Deutschland, sieh das doch ein!"

Am späten Abend überrascht die gastgebende Landeskirche mit einer logistischen Meisterleistung. Pfadfinder verteilen mehr als hunderttausend Kerzen. Fast andächtig geben sich die Menschen am Leineufer gegenseitig Licht. Es wird ruhig, als ob alle den Atem anhalten. Kurz nach 22 Uhr steigt Margot Käßmann gemeinsam mit dem Pastor und Liedermacher Fritz Baltruweit auf eine Hebebühne. Diese schraubt sich sehr langsam mehr als 20 Meter in die Höhe. Von Scheinwerfern angestrahlt, kann jeder die Fahrt als Schattenspiel auf dem 650 Jahre alten Beginenturm im Hintergrund verfolgen. Oben angekommen stimmen die beiden „Der Mond ist aufgegangen" an, und Hunderttausend singen mit. Danach ist es für einen Moment ganz still. Kinder schmiegen sich an ihre Eltern, Jugendliche umarmen sich und viele Ältere haben Tränen in den Augen. Nach dem Abendsegen der Bischöfin geht die Menge friedlich auseinander.

Am nächsten Morgen titelt die hannoversche Neue Presse in Riesenlettern quer über die erste Seite „Mein Gott, ist das voll!", und die stets fröhliche oberste Gastgeberin eilt bei Rekordtemperaturen von Termin zu Termin – mehr als dreißig sind es in diesen fünf Tagen. „Meine Rettung waren meine Birkenstocksandalen, die ich für die Wege zwischendurch immer in der Handtasche hatte", erinnert sie sich. Der Kirchentag beginnt für sie schon morgens früh um sechs mit Kaffeekochen. Sie hat das Haus voll

» Mein Gott, ist das voll!

–

Mein Gott, ist das heiß!

–

Mein Gott, war das schön! «

Drei Titel der Neuen Presse Hannover zum Kirchentag 2005

Heinz Rudolf Kunze, Margot Käßmann und der Komponist Heiner Lürig präsentieren die CD mit dem Kirchentagslied „Mehr als dies"

Schateke
Schateke
DEPOT
Lieferverkehr frei
Mo-Fr 6-11h
Einfahrt in die
Grundstücke frei

mit internationalen Gästen: „Zum Frühstück waren wir immer 17 Personen."

„Mein Gott, ist das heiß", macht die „Neue Presse" weiter. Das finden auch die kleinsten Gäste. Rund 30.000 Mädchen und Jungen plantschen und wuseln in einem überfüllten Kinderzentrum, das es erstmals gibt. In der Mitte sitzt die Bischöfin und beantwortet schwierige Fragen: Ob Gott evangelisch oder katholisch ist? Antwort: „Ich habe gebetet, dass die Sonne auf unseren Kirchentag scheint! Diesmal scheint sie, aber sie hat auch schon auf Katholikentagen geschienen. Ich glaube, Gott ist gerecht gegen alle Menschen." Für die Mutter von vier Töchtern ist das Kinderzentrum die beste Innovation der Großveranstaltung. Es wird zu einer festen Einrichtung bei den künftigen evangelischen Kirchentagen.

Auch an Prominenten mangelt es nicht. Die Politiker drängen sich mit hochgekrempelten Ärmeln und dem Sakko über dem Arm auf dem Messegelände. Drei Tage vor Kirchentagsbeginn hat die SPD die Landtagswahlen in Nordrhein-Westfalen verloren. Bundeskanzler Gerhard Schröder kündigte daraufhin umgehend an, im Herbst Neuwahlen im Bund anzustreben. Mit dem Kirchentag beginnt also quasi der Wahlkampf. An dessen Ende wird Angela Merkel (CDU) Regierungschefin. Zwar lässt es sich kein Spitzenpolitiker nehmen, vor den 100.000 Dauerteilnehmern zu sprechen, doch das befürchtete Politikergezänk bleibt aus.

Die Besucher haben es schlicht nicht zugelassen, sagt die Bischöfin in ihrer Bilanz: „Christen wollen Achtsamkeit im Umgang miteinander und klare Inhalte statt Talkshow-Effekte." Dazu gehört für sie vor allem auch, dass dieser Kirchentag die Ökumene wieder belebt hat. Von Hannover aus gibt es ein klares Votum für einen Ökumenischen Kirchentag. Er findet fünf Jahre später im Frühjahr 2010 in München statt. Für Margot Käßmann wird er zu einer Art Comeback nach ihrem Rücktritt.

Eckhard Nagel:

» Der Kirchentag in Hannover hat ganz deutlich gemacht: Rechnet mit uns, wir mischen uns ein; aus unserem christlichen Glauben heraus gestalten wir mit: Familien und Gemeinden, Kirchentag und Kirchenalltag, Gesellschaft und Welt. «

Präsident des Kirchentages 2005 in Hannover

Gedränge in Hannovers Altstadt zum Kirchentag, 2005

Für die Neue Presse steht am Ende des Kirchenfestivals mit insgesamt 1,2 Millionen Besuchern fest: „Mein Gott, war das schön!" Eine strahlende Bischöfin verkündet, sie sei zufrieden und überglücklich: „Das Fest des Glaubens hat uns gut getan, das war wie Weihnachten bei 30 Grad." Es habe alle dazu ermutigt, „sich kräftig einzumischen in diese Welt, von der wir glauben, dass sie Gottes Welt ist".

Mit diesem Gottvertrauen hatte Margot Käßmann fünf Jahre zuvor bei der Expo 2000 auch die Leitung des evangelischen Parts auf der Weltausstellung übernommen. In dem Sommer war die 42-Jährige gerade ein dreiviertel Jahr im Amt. Bei einer der größten Veranstaltungen, die es mit 18 Millionen Besuchern je in Deutschland gab, spielten die Kirchen eine besondere Rolle.

Die Expo läuft zunächst sehr schleppend an. Generalkommissarin und Verantwortliche für die Expo 2000 Birgit Breuel bittet Margot Käßmann um Unterstützung. Ob die Kirchen nicht etwas organisieren könnten, was die

Menschen begeistert und mitzieht? Da bot sich natürlich Pfingsten an. Am „Tag der christlichen Kirchen" mobilisieren die Christen 1.600 Posaunen und Trompeten und 800 Gospelsänger. „O Happy Day" schallt es vielstimmig über die Expo-Plaza. Rund 5.000 Menschen lauschen einer feurigen Predigt des südafrikanischen Erzbischofs und Friedensnobelpreisträgers Desmond Tutu. Birgit Breuel sagt später, diese Veranstaltung sei ein Wendepunkt der fünfmonatigen Ausstellung unter dem Motto „Mensch – Natur – Technik" gewesen: „An diesem Sonntag erlebte die Welt die gemeinsame Vision eines auf Glaube, Liebe und Hoffnung gegründeten Lebens."

In den ersten Wochen ist die Bischöfin noch skeptisch. Sie fürchtet, das 3,5 Milliarden Mark teure Spektakel könnte zu oberflächlich bleiben: „Die Expo ist ein spannendes Projekt, aber es werden zu wenig Fragen gestellt." Nur wenige Länder hätten den Mut, auch ihre dunklen Seiten zu zeigen. Doch für die Kirchen trifft dies nicht zu. Der an der zentralen Plaza errichtete Christus-Pavillon aus Glas und Stahl erweist sich mit seinen Stundengebeten, kontroversen Podiumsdiskussionen und Konzerten als Publikumsmagnet.

Ende Oktober stellt auch die Theologin zufrieden fest: „Im Christus-Pavillon war eben nicht nur Partystimmung." Protestanten, Katholiken und Orthodoxe hätten mit ihren gemeinsamen Angeboten eine Antwort auf die diffuse Sehnsucht des modernen Menschen nach Religion gegeben. Birgit Breuel bringt es auf die schlichte Formel: „Die Kirchen waren die Seele der Expo." Und Margot Käßmann, die nun ein gutes Jahr als Bischöfin im Amt ist, fügt hinzu: „Wer hier mitgemacht hat, der hat sich verändert."

KAPITEL 9

Mose und Mirjam – Geschwister des Lebens

Im Jahr 2000 kam die römisch-katholische Kirche von Rom her unter Druck, ihre Schwangerschaftskonfliktberatung so zu reduzieren, dass keine Scheine mehr ausgestellt werden, die bei einer Abtreibung als Beratungsbeleg gelten konnten. Vor der Landessynode habe ich damals gesagt: „Als Evangelische sagen wir deutlich: Wir bleiben in der Schwangerschaftskonfliktberatung, wir stellen den für einen Schwangerschaftsabbruch notwendigen Beleg in unseren Beratungsstellen aus. Das heißt nicht, dass wir nicht für das Leben agieren. Unsere Beraterinnen und Berater beraten eindeutig für das Leben. Sie versuchen, einer Frau einen Weg zum Leben mit ihrem Kind zu vermitteln. Dennoch respektieren sie auch die Frau, die sich für eine Abtreibung entscheidet. Das entspricht dem evangelischen Grundgedanken von der Verantwortung des Einzelgewissens."

Wir dürfen die Schuldfrage im Schwangerschaftskonflikt nicht allein auf die Mutter projizieren, sondern auch auf den potenziellen Vater. Es treibt mich um, dass 800.000 Väter in diesem Land keinen Unterhalt zahlen und noch einmal so viele nur zum Teil. Und wir, unsere Gesellschaft, auch unsere Kirche sind darin verstrickt: Wie leben wir, wenn Kinder ein Armutsrisiko sind? Was bedeutet es, wenn Beraterinnen mir erzählen, dass es eher die jungen Frauen sind, die sich überzeugen lassen, das Kind zu bekommen, und Frauen, die bereits ein oder zwei Kinder haben, sich häufiger für eine Abtreibung entscheiden?

Unsere evangelische Kirche tritt ein für das Leben! Deshalb kam es zur Gründung von „Netzwerk Mirjam". Eine Perspektive wie in der biblischen Geschichte wollen wir für Kinder und für ihre Mütter eröffnen, die leiblichen Mütter und die Adoptivmütter. Viele Menschen haben sich seither im Netzwerk ehrenamtlich konkret engagiert. Das hat mich immer wieder beeindruckt.

Mose und Mirjam – die Grauzone des Lebens

Friedlich liegt der kleine Junge da, wie in einem Mittagsschlaf, in ein grünes Handtuch gewickelt, aus dem sein kleiner Blondschopf herausragt. Nur ein großer Schnitt am Kinn erzählt davon, dass hier nicht nur ein Säugling viel zu früh gestorben ist, sondern durch eine Obduktion nach Erklärungen für seinen Tod gesucht wurde. Im abgedunkelten Aufbahrungsraum des Bestatters aber ist nichts mehr zu spüren von dem Drama der dunklen Januarnacht, die hinter diesem nur ein oder zwei Tage alten Jungen liegt.

„Hier sind die kleinen Preise drin“ stand auf der Jutetasche aus dem Supermarkt, in der „Mose“, wie er später genannt wurde, am 2. Januar 2008 vor dem Babykörbchen des Netzwerks Mirjam im Friederikenstift gefunden wurde. Ein Hemdchen, ein Handtuch, eine Jutetasche, mehr war ihm nicht mitgegeben worden. Zu spät! Erfroren auf den Steinplatten direkt vor dem rettenden Wärmebettchen wurde er gefunden. Weil kein Alarm ausgelöst worden war, weil die Klappe zum Babykörbchen klemmte, weil die abgebende Person im Dunkel der Nacht entdeckt worden war und die Flucht ergriffen hatte? Für Hebammen, Pfleger, Krankenschwestern und die Verantwortlichen des Netzwerks ein Schock, ein bedrückendes Erleben voller offener, nie beantworteter Fragen. Für die kritische und langwierige Diskussion um die ethische Grauzone rund um alle Babyklappen in Deutschland eine Steilvorlage.

» Für seine Mutter bitten wir dich: Sei du bei ihr, wenn sie ratlos ist und Fragen sie quälen. Tröste sie, wenn die Tage für sie trostlos sind. Gib ihr Menschen zur Seite, die ihr helfen, für sich nun einen neuen Weg zu finden. Auch für seinen Vater bitten wir dich: Lass ihn Liebe zu diesem Kind spüren und Verantwortung. «

Aus dem Gebet für Mose, 2008

In einem kleinen, schlichten Holzsarg findet Mose seinen Ruheplatz Seite an Seite mit anderen kleinen Kindern auf einem Kinderfriedhof in Hannover. Weiße Tulpen, Rosen und blaue Hyazinthen schmücken den Sarg, ein kleiner Engel liegt in den winzigen Händen von Mose, den Margot Käßmann, die Schirmherrin des Netzwerks, ihm in dem stillen Moment beim Bestatter in den Sarg gelegt hat. Die Bischöfin hält die Trauerrede, die kleine Kapelle im Friederikenstift ist bis auf den letzten Platz besetzt. Diakonissen mit gestärkter Haube neben Ärzten und Schwestern des Krankenhauses, für eine halbe Stunde von ihren Stationen freigestellt. Mitarbeitende des Netzwerks und unzählige Journalisten. Selbst die Hartgesottenen unter ihnen verstummen vor dem winzigen Sarg und beten still, statt unablässig auf den Auslöser ihrer Kameras zu drücken. Ein Steinmetz setzt später seinen Namen in Stein um und auf seinem kleinen Grab liegen nach

Abschied

Wir müssen heute Abschied nehmen von einem kleinen Jungen, den keiner von uns kannte. Auch seine Eltern kennen wir nicht. Und doch hat dieses Kind die Herzen vieler Menschen bewegt. Ein solcher Tod eines völlig hilflosen Kindes treibt uns um. Wie konnte Gott das zulassen? Warum war die Mutter derart verzweifelt? Wieso wurde es nicht durch warme Kleidung vor der Kälte bewahrt? Dieser erschütternde Tod zum Beginn des neuen Jahres ist eine Mahnung an uns alle, für „die Kleinen" einzutreten, ihnen beizustehen, damit keines verloren werde.

Am letzten Sonntag habe ich ihn Mose genannt. Nein, dieser Name ist nicht eingetragen. Dieses Kind hat kein Stammbuch. Doch es sollte gerettet werden wie der kleine Mose in der biblischen Geschichte. Doch als rettende Hände ihn fanden, war er bereits tot. Wir haben Mose einen weinenden Engel in seinen Sarg gelegt - er weint mit uns um das Unvollendete, das Zerbrochene im Leben. Er weint mit uns um dieses Kind.

wie vor Geschenke, von Unbekannten zurückgelassen. Ein buntes Windrad dreht sich im Wind, ein trotziger Gruß an das Leben, das Mose nie haben durfte. Im Trauergottesdienst wurde für ihn ein Wiegenlied gesungen. Und für seine unbekannte Mutter gebetet.

Anfang 2009, ein gutes Jahr nach Moses Tod, bleibt im Kreissaal des Friederikenstifts ein neugeborenes Mädchen zurück. Dunkle Haare, tiefbraune Augen, äußerlich ein ganz normales, ja, sogar besonders hübsches Kind. Durch neurologische Untersuchungen werden mehrfache Schwerstbehinderungen bei ihr festgestellt. Die Eltern bleiben unbekannt, doch anscheinend haben sie von der Behinderung gewusst und für sich entschieden, ein behindertes Kind nicht behalten zu wollen.

Das Netzwerk Mirjam wird informiert. Während das Kinderkrankenhaus „Auf der Bult" und das Diakoniekrankenhaus Annastift in Hannover sich um die medizinische Betreuung des kleinen Mädchens kümmern, sucht das Netzwerk fieberhaft nach einer Adoptivfamilie. Doch beide Familien, die diese Aufgabe gerne übernommen hätten, bekommen vom Gesetzgeber keine Genehmigung.

Am 8. Oktober wird sie in der Kapelle des Friederikenstifts, genau an der Stelle, wo ein gutes Jahr vorher der kleine Sarg von Mose stand, auf den Namen Mirjam getauft. Organisiert vom Netzwerk, getauft von der Schirmherrin. „Denn er hat seinen Engeln befohlen über dir, dass sie dich behüten auf all deinen Wegen" *(Psalm 91, 11)* begleitet Mirjam nun durch ihr Leben. Zwei Paten und ihre Familien kümmern sich liebevoll um sie, in der Woche lebt sie in einem privat geführten Kinderheim in Hannover. Als eine Mitarbeiterin des Netzwerks sie dort besucht, liegt Mirjam in einer Hängematte zwischen den Apfelbäumen und gluckst munter vor sich hin – es scheint, als sei sie sehr zufrieden.

Dann die Tagesschau-Meldung vom 26. November 2009: „Der Deutsche Ethikrat hat sich für eine Abschaffung der Babyklappen und der bisherigen Angebote zur anonymen Geburt ausgesprochen. Solche Angebote zur anonymen Kindsabgabe seien besonders deshalb ethisch und rechtlich problematisch, weil sie das Recht des Kindes auf Kenntnis seiner Herkunft und auf Beziehung zu seinen Eltern verletzten, so der Ethikrat." Margot Käßmann reagiert umgehend: „Der Respekt vor dem Deutschen Ethikrat gebietet es, die Stellungnahme sorgfältig zu analysieren und auszuwerten. … Doch die Arbeit mit Babyklappen und den heutigen Angeboten zur anonymen Geburt zeigen, dass bei Wegfall dieser Angebote ein Kreis nicht erreichbarer Hilfebedürf-

» Weißt du wieviel Kinder
schlafen, heute Nacht im
Bettelein?
Weißt du wieviel Träume kommen
zu den müden Kinderlein?
Gott, der Herr, hat sie gezählet,
daß ihm auch nicht eines fehlet,
kennt auch dich und hat
dich lieb, kennt auch dich
und hat dich lieb. «

EG 511, gesungen bei der Trauerfeier für Mose

» Uns bewahre davor, zu verurteilen, was wir nicht kennen und nicht ermessen können. Tröste alle, die in den letzten Tagen gequält waren von dem, was hier geschehen ist. Hilf uns, nicht zu zweifeln, sondern weiter treu die Verantwortung für Schutzbedürftige und Hilfesuchende zu übernehmen und alles zu tun, damit Moses Schicksal sich nicht wiederholen muss.
Gott, lehre uns bedenken, dass auch wir sterben müssen, damit wir klug werden. «

Aus dem Gebet für Mose, 2008

Wege zum Leben

„Wer Abtreibungen verhindern und zum Kind ermutigen will, darf nicht bei hehren Worten, großen Ermahnungen und wunderbaren Prinzipien stehen bleiben. Nein, da sind konkrete Hilfsangebote nötig, die einer Frau einen Weg eröffnen, das Kind zu bekommen. Einen Weg zum Leben, mit dem Kind oder auch getrennt vom Kind. Wir müssen in diesem Zusammenhang fragen, wie es sein kann, dass eine Abtreibung weniger tabuisiert ist als die Freigabe eines Kindes zur Adoption."

Sichtweisen

„Es scheint mir wichtig, das Bild der abgebenden Mutter positiv zu werten. Sie will ja das Beste für ihr Kind! Sie weiß, sie selbst kann ihm keine optimalen Lebensumstände bieten, sie sieht keine Möglichkeit, dieses Kind ins Leben zu begleiten. Wenn sie dann eine Möglichkeit findet, es in Obhut zu geben, ihm ein Umfeld zu eröffnen, in dem es willkommen geheißen wird, ist eine große und weitherzige Tat. Es gehört Mut dazu und Entschlossenheit, einen solchen Weg zu gehen. Der Schmerz der Trennung liegt bei der abgebenden Mutter. ... Mich wundert, dass diese Frage so selten thematisiert wird. Die Scham der abgebenden Mütter muss groß und schwer belastend sein. Sie spüren offenbar, dass die Gesellschaft sie verurteilt."

Margot Käßmann in „Mütter der Bibel"

tiger verbliebe". Von 26 Mitgliedern des Ethikrates sprechen sich sechs in einem Sondervotum gegen eine Abschaffung der Angebote zur anonymen Kindesabgabe aus.

Mirjams Augen und Moses Blondschopf sprechen in dieser Diskussion ihre eigene Sprache. Und mit ihnen die neun Babys, die seit der Einrichtung des Netzwerks Mirjam im März 2001 im Körbchen gefunden wurden. Drei dieser „Babykörbchen-Kinder" sind heute wieder bei ihren Müttern, sechs Kinder leben in Adoptivfamilien. 54 Frauen konnte bei der Entscheidung, mit oder ohne ihr Kind zu leben, geholfen werden. 41 von ihnen gaben ihre Anonymität auf.

Das Körbchen in Hannover ist das letzte Glied in einer langen Kette von Hilfsangeboten. Nicht eine einzelne, isolierte Aktivität, sondern ein in sich stimmiges Netzwerk soll Frauen und Mädchen, Eltern in Not unterstützen. Ein kostenloser 24-Stunden-Notruf kann bis jetzt mehr als 10.500 Anrufe verzeichnen. Beratung, Wohnmöglichkeiten für Schwangere und Mütter mit Babys, Adoptionsberatung und -vermittlung, Geburtshilfe sowie Kur- und Rehabilitationsmaßnahmen für Schwangere, Mütter und Adoptivfamilien bilden ein dichtes Netz, das frühzeitig greifen kann und allererste Not verhindert. Alles andere findet sich.

Mose und Mirjam – die Melodie des Lebens

Die Geschichte Gottes mit den Menschen ist auch seine Geschichte mit den Frauen. Die Bibel ist reich an Erzählungen über diese Frauen, auch wenn sie namenlos blieben und über Jahrhunderte verschwiegen wurden.

Mirjam ist eine der wenigen Frauen, deren Name erwähnt wird. Ihr Name hat sich in der Tradition und in unserer Vorstellung vor allem untrennbar mit dem Bild der im *2. Buch Mose 2, 1-10* erwähnten, dort noch namenlosen Schwester des Mose verbunden, die ihren kleinen Bruder am Nil bewacht.

Moses Leben begann ähnlich schutzlos und bedroht, wie das Leben vieler Kinder in sozial oder politisch bedrohten Situationen. Der Erzählung nach wurde er am Ufer des Nils ausgesetzt, als letzte Möglichkeit für seine Mutter, ihr Kind doch noch vor der politisch motivierten Todesdrohung gegenüber allen neugeborenen Jungen zu retten. Dieses Motiv, ein Kind auszusetzen, das später politisch wie religiös eine tragende Rolle übernimmt, war in den Mythologien des Altertums eine beliebte Erzählform, um die Bedeutung eines Menschen zu unterstreichen.

Ein Netzwerk weiblicher Hilfe umspannt am Anfang Moses Leben. Seine Mutter hatte die Idee, ihnen Sohn in einem wasserdichten Körbchen auf dem Nil vom sicheren Tod fernzuhalten, seine Schwester hat ihn durchgehend im Auge behalten, die Hebammen Shifra und Pua hatten den Mut, sich gegen den Befehl und Willen des Pharao zu stellen und mit List und Tücke das Leben des Kindes zu retten. Selbst die Tochter des Pharao wird im entscheidenden Moment ein Teil dieses starken Frauennetzwerks, das Hand in Hand arbeitet und damit keineswegs eine Erfindung unserer

» Unser Netzwerk soll Frauen im Schwangerschaftskonflikt auffangen. Es reicht nicht aus, ihnen in der Beratung Mut zu geben für das Kind. Sie müssen gehalten, getragen und getröstet werden. «

Margot Käßmann
über das Netzwerk „Mirjam"

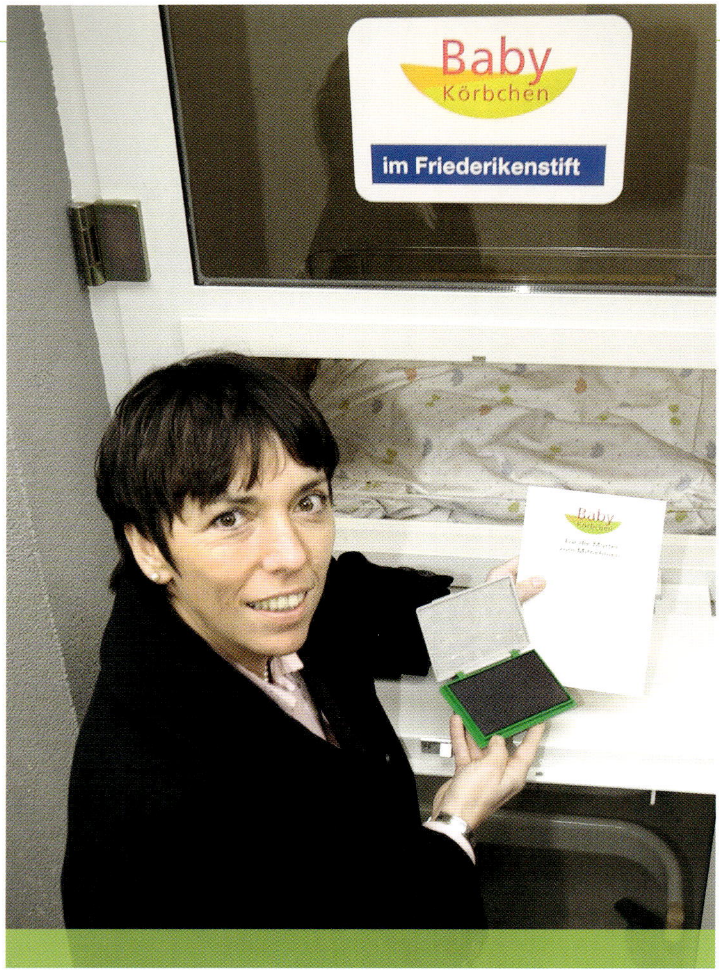

Babykörbchen in Hannover

Tage ist. Weisheit, Widerstandskraft und Tapferkeit der Frauen werden eindrucksvoll miteinander verwoben. All diese Frauen sind im richtigen Moment aufgetreten und haben ihr Mitgefühl und ihre Klugheit in die Tat umgesetzt, um ein konkretes Problem zu lösen.

So wie bereits der Beginn seines Lebens eine wunderbare, durch Frauen begleitete Rettungsgeschichte war, wird Mose in der alttestamentlichen Erzählung zu einer von einer Frau begleiteten Leitfigur der großen Befreiungsgeschichte des Volkes Israels. Das *2. bis 5. Buch Mose* verbindet die verschiedenen Traditionen über Gefangenschaft, Befreiung und Auszug, Gesetzgebung, Scheitern, Vergebung und Neubeginn. Die verschiedenen Überlieferungsstränge werden durch die Figur des Mose zu einer großen Befreiungsgeschichte verbunden, die stellvertretend für alle Auszugsgeschichten des eigenen Lebens erzählt wird. Wie am Beginn seines Lebens spielt Mirjam, die im *2. Buch Mose 15,20* als Prophetin eines der wahrscheinlich ältesten Lieder des Alten Testaments singt, eine zentrale Rolle an seiner Seite. Sie taucht sogar so durchgängig und an entscheidenden Punkten in den ersten fünf Büchern Mose auf, dass in der Forschung vermutet wird, ihr sei bei der Zusammenstellung der verschiedenen Überlieferungen in vielen Erzählpassagen bewusst die Rolle der Infragestellerin männlicher Führungspersonen zugedacht worden. Sie trägt die Diskussion um die Autorität und die Beauftragung von Mose und Aaron, die das Volk Israel immer wieder beschäftigt hat, literarisch.Von der Schilderung ihres Todes im *4. Buch Mose 20,1-13* her gesehen, nimmt sie eine bedeutsame Rolle für die politische und religiöse Aufgabe des Mose.

Mirjam, eine Frau, an der sich zeigt, dass auch der Exodus, in dem Gott die Israeliten aus der Gefangenschaft führt, auf menschlicher Seite keine rein männliche Erfolgsgeschichte war. Nach den ersten bedrohten Schritten der Befreiung des Volkes Israels aus der Sklaverei ist Mirjam am Roten Meer die erste, die agiert. Sie nimmt sich Raum, haut auf die Pauke, ergreift das Wort. Nicht mit großen Reden, sondern mit einem eindringlichen Lied gibt sie einem verängstigten, unsicheren Volk eine neue Lebensmelodie, einen neuen Rhythmus vor. Eben noch der bedrohte, hastige Schritt, nur weg, weg von aller Unterdrückung, weg von aller Gefangenschaft, kopflos, orientierungslos nach vorne gestürzt. Nun der Reigen, der Tanz, das Lied, das aus der Enge führt: „ Lasst uns dem Herrn singen, denn er hat eine herrliche Tat getan; Ross und Mann hat er ins Meer gestürzt“. Das Lied der Freiheit, das Ross und Reiter nennt und mahnt, mit einer tiefen Gewissheit weiter zu gehen und den Aufbruch aus der Sklaverei zu wagen. In diesem Auszug aus der Gefangenschaft sind Frauen nicht nur die Begleiterinnen einer großen Männerschar und zuständig für die tägliche Versorgung und den Erhalt eines Volkes.

Mirjam wird hörbar, erkennbar, sichtbar und mit ihr andere Frauen, es entsteht wieder ein ganzes Netzwerk für das Leben. Sie singt das erste und älteste Lied der Bibel und gibt damit die Melodie vor, die in Zukunft gesungen werden soll. Mirjams Lied steht am Ende von Unterdrückung und Befreiung, von ausweglosen Gedankengängen und hoffnungslosen Nächten ohne Schlaf. Sie singt und tanzt, eine symbolische Handlung für einen langen Weg in die Freiheit. Doch ihr Lied ist kein leichtgängiger Schlager, sondern in seiner Kürze der Ausdruck einer so verdichteten Erfahrung, die nur Menschen nachvollziehen können, die in ähnlich bedrückender Lage waren oder sind, in innerer und äußerer Gefangenschaft, bedroht vom Leben ringsum, den Kopf schon beinahe unter Wasser, verfolgt vom wilden Dröhnen eines drohenden Untergangs.

„Meine Seele erhebt den Herrn, und mein Geist freut sich Gottes, meines Heilands; denn er hat die Niedrigkeit seiner Magd angesehen. … Gewaltiges hat er vollbracht mit seinem Arm, zerstreut hat er die, die hochmütig sind in ihrem Herzen, Mächtige hat er vom Thron gestürzt und Niedrige erhöht.“ *(Luk. 1, 46f)*. Eine andere Mirjam, Maria, die Mutter Jesu, wird so weiter singen und über alle Zeiten hinweg einstimmen in das erste Lied am Meer. Es sind keine lieblichen Weisen, sondern herbe Lieder, die vom Leben erzählen. Die deutlich machen, zu was Menschen in der Lage sind. Wie Menschen andere unter Druck setzen, an den Rand bringen. Männer, die Frauen zu Nicht-Gewolltem zwingen. Frauen, die Männer in die Enge treiben. Familien, die richtig und falsch familienintern festlegen und damit Fesseln anlegen, die jede Freiheit im Denken unmöglich machen.

Für sie alle klingt diese Melodie bis heute vom Meer herüber. Das Lied der Befreiung. Und der Hoffnung für alle, die längst noch nicht die tiefen Wasser ihres Lebens durchschritten haben.

Magnifikat

Meine Seele erhebt den Herrn,
und mein Geist freut sich Gottes, meines Heilands;
denn er hat die Niedrigkeit seiner Magd angesehen. …
Gewaltiges hat er vollbracht mit seinem Arm,
zerstreut hat er die,
die hochmütig sind in ihrem Herzen,
Mächtige hat er vom Thron gestürzt
und Niedrige erhöht.

Lukas 1, 46f

KAPITEL 10

Kinder sind Zukunft

Als ich am 27. November 2002 einen Ehrendoktor der Universität Hannover im Fachbereich Erziehungswissenschaften erhielt, bezog sich Ulrich Becker in seiner Laudatio auf mein Buch „Erziehen als Herausforderung". Er meinte, es ginge mir um den „Mut der Eltern, trotz unübersehbarer Zeichen der Zerstörung und des Niedergangs, Kinder zu haben", um „die Hoffnung von Eltern und Erzieherinnen, dass trotz der Übermacht unhumaner und persönlichkeitszerstörender Kräfte unseren Kindern die Möglichkeit eines nichtentfremdeten, authentischen Lebens offengehalten werden kann." So gut hätte ich das nicht ausdrücken können, aber mir lag immer daran, Mut zu Kindern zu machen. Natürlich ist Erziehen eine Herausforderung, das habe ich bei meinen vier Töchtern bewusst erlebt. Aber es ist eben auch eine Freude, eine Bereicherung, es bringt Unruhe und Kreativität ins Leben, ob wir Kinder nun als Eltern oder Nachbarn, als Erzieherin oder Lehrer, als Patentante oder Trainer kennen lernen.

Dabei ist für mich entscheidend, dass die Bibel sagt, wir können von Kindern lernen. Sie sind eben nicht nur Objekte, die wir zu etwas machen. Nein, sie zeigen uns etwas vom Staunen, von Vertrauen, von Glauben. Kinder waren allzu lange ein typisches Frauenthema. Als der Rat der EKD von Bundesministerin Ursula von der Leyen gebeten wurde, ein „Bündnis für Erziehung" zu gründen, wurde ich dorthin delegiert. Wie brisant Erziehungsfragen heutzutage gesamtgesellschaftlich sind, wurde schnell klar, als eine heftige Debatte entbrannte, ob Kirchen da eine solch zentrale Rolle spielen dürfen. Ja, sie müssen es, denn eine frühere Förderung in Kindertagesstätten und Krippen, faire Bildungschancen für alle, das ist eine Frage der Chancengerechtigkeit. Das Thema ist gut biblisch. Und es ist eminent politisch.

Kinder und Kirche

Margot Käßmann

In einer Gemeinschaftsproduktion mit anderen Autorinnen und Autoren ist das Buch „5 Minuten mit dem lieben Gott“ entstanden. Es bietet eine Möglichkeit, im Alltag mit Kindern die Bibel zu lesen und zu beten. Ich freue mich, wie sehr dieses Buch nachgefragt wird. In den Familien besteht das Interesse, Kinder hineinwachsen zu lassen in den christlichen Glauben. Es zeigt, wie groß das Bedürfnis nach Ritualen, nach Formen ist, die man nicht neu erfinden muss, sondern in die man sich mit seinen Kindern hineinbegeben kann, um dem christlichen Glauben Ausdruck zu verleihen und der Suche nach Religion in der frühkindlichen Erziehung eine Form zu geben

Margot Käßmann:
» Kinder haben immer große Lust, etwas Neues zu lernen und sie sollen die Chance dafür bekommen und einen guten Start ins Leben haben. «

Von unserem reformatorischen Selbstverständnis her ist religiöse Bildung notwendiger Teil von Allgemeinbildung – und die beginnt in der Erziehung unserer Kleinsten. Einer Bildung, die die religiöse Dimension ausklammert und die die Frage nach Gott nicht zumindest reflektiert, fehlt die Voraussetzung für die Entwicklung ethischer Kompetenz, da die Möglichkeit des Gesprächs über die Sinnfrage, die Frage nach dem Grundvertrauen als Voraussetzung für die Persönlichkeitsentwicklung, die Frage nach Regeln menschlichen Zusammenlebens und die Erkenntnis über Grenzen des Unverfügbaren ohne diesen Bezug defizitär wäre.

„Und sie brachten Kinder zu ihm, damit er sie anrühre. Die Jünger aber fuhren sie an. Als es aber Jesus sah, wurde er unwillig und sprach zu ihnen: Lasst die Kinder zu mir kommen und wehret ihnen nicht; denn solchen gehört das Reich Gottes. Wahrlich, ich sage euch: Wer das Reich Gottes nicht empfängt wie ein Kind, der wird nicht hineinkommen. Und er herzte sie und legte die Hände auf sie und segnete sie.“ (Mk. 10,13-16)

In der Geschichte der Auslegung wurde diese Erzählung oft als Aufruf an Erwachsene verstanden, kindlich zu werden. Manche Idealisierung des unschuldigen Kindes wurde hier abgeleitet, manch süßlicher Liedtext und manch rührselige bildliche Darstellung. Doch hier soll keine idealisierte Szene geschildert werden. „Die grundlose Liebe Gottes, die den Kindern durch Jesu Reden und Handeln zugesagt wird, stellt die griechischen wie die jüdischen ‚Weltordnungen' auf den Kopf. Kinder erhalten einen Ehrenplatz, wenn menschliche Wirklichkeit in der Perspektive des Reiches Gottes gesehen wird." Diese sozialkritische Annäherung an die Stellung der Kinder in biblischer Zeit von Hans Ruedi Weber ist ein spannender neuer Zugang. Kinder werden hier von Jesus als Subjekte von Theologie vorgestellt, mit denen er auf Augenhöhe ist. In unseren theologischen Überlegungen sind Kinder meist diejenigen, die noch werden müssen, die erzogen werden, die Objekt unseres Handelns und Denkens sind.

Mit Karl Kardinal Lehmann bei der Eröffnung der „Woche für das Leben", Bremen 2007

Diese biblische Erzählung stellt solches Denken in Frage. Diese „Kindertheologie" ist ein Beispiel für eine neue Gemeinde- und Laientheologie, die Zugänge elementarisiert und die Leiblichkeit des Denkens, die Radikalität des Fragens und die Verfremdung des Vertrauten betont, schreibt Wilfried Härle. Für unsere Gemeinden, Kindertagesstätten, unser Miteinander in den Familien ergeben sich Linien zur Erziehung unserer Kinder.

Biblische Geschichten geben Halt und Orientierung

Wenn es in der Bibel heißt: „der Gott deines Vaters Isaak", dann wussten offenbar alle, welcher Gott gemeint war. Wenn bei uns heute jemand vom „Gott deines Vaters Jürgen" oder vom „Gott deiner Mutter Monika" spricht, werden die Kinder ins Grübeln geraten. Sollte der ominöse Fußballgott gemeint sein? Oder vielleicht der Geiger André Rieu?

Mir ist wichtig, dass Kinder und Jugendliche selbst Zugang zu diesen Geschichten finden. Da geht es um Glauben, aber auch um Beheimatung in der eigenen Kultur. Architektur, Literatur, Kunst in Deutschland sind ohne jede Bibelkenntnis gar nicht zu verstehen. Wie traurig ist es, wenn ein Kind nie etwas gehört hat von Josef etwa, der ein bisschen verwöhnt und hochnäsig war, der brutal verraten wurde, aber einen Weg fand im Leben, weil er sich Gott anvertraute. Wir tragen zu wenig gute Erzählungen von gelungenem Leben in uns. Es ist ein Verlust an Gemeinschaft, Tradition und Kultur, dass in unserem Land der gemeinsame Erzählfaden abgerissen ist. Wir müssen Geschichten, gerade auch die biblischen Geschichten weitererzählen.

Margot Käßmann:
»Wenn wir Familien schätzen, müssen wir auch konsequent für Familien, für Kinder und diejenigen, die sie erziehen, eintreten.«

Gebet

Während des Kirchentages in Hannover 2005 konnten Kinder in einem Kinderzentrum ihre Fragen stellen und Erwachsene mussten antworten. Ein Kind fragte: „Was macht Gott mit den bösen Menschen?“ Ein anderes zeigte mir seine von Neurodermitis gezeichneten Arme und sagte: „Warum macht Gott mich denn nicht gesund?“ Und ein kleiner Junge sagte: „Weißt du denn, wo mein

Opa jetzt ist, ich habe ihn so lieb gehabt!" Kinder und Jugendliche haben tiefe und religiöse Fragen. Es ist ein Armutszeugnis, wenn sie abgespeist werden mit einem lapidaren „Weiß nicht!" und Eltern aus Angst vor falschen Antworten die religiöse Erziehung an die Kindertagesstätte oder die Schule delegieren oder dem Kind die Entscheidung allein überlassen. Ein Kind muss doch erst eine Religion kennen lernen, um sich dann eines Tages dafür oder dagegen entscheiden zu können. Der Frage nach Leben und Tod, nach Gott und der Welt, mit Kindern nachzugehen ist auch für uns Erwachsene ein prägendes Erlebnis, das uns voranbringt. Allein das Wissen um die Möglichkeit einer Gottesbeziehung halte ich für entscheidend. Da ist ein anderer, an den du dich wenden kannst. Du kannst zu Gott beten, selbst wenn alle anderen dich zu verlassen scheinen. Es geht darum, dass Kinder beten lernen, damit sie wissen: Ich bin nicht allein auf dieser Welt. Und selbst, wenn es Streit mit Eltern gibt, wenn ich Angst empfinde, weil ich Fehler gemacht habe, oder wenn ich mich anderen nicht mitteilen kann, dann ist Gott da und hört mir zu. Gott ist keine Maschine, die Wünsche erfüllt. Aber Gott geht es tatsächlich um mich.

Rituale

Für Kinder haben Rituale eine große Bedeutung, ja sie lieben Rituale, entwickeln sie selbst, weil sie ein Gefühl von Verlässlichkeit vermitteln. Besonders im Blick auf Sterben und Tod sind Rituale wichtig. Kinder fragen nach Tod und Sterben, während unsere Gesellschaft den Tod verdrängt. Alle wollen alt werden, aber niemand will alt aussehen. Alle haben Angst vor Krankheit und Tod, aber niemand spricht darüber. Wir sollten Kindern und Jugendlichen Gelegenheit geben, sich damit auseinanderzusetzen – und uns auch.

„Heimat ist da, wo ich die Namen der Toten kenne", hat Fulbert Steffensky gesagt. Wir verscharren unsere Toten nicht irgendwo in einer Ecke, wir verstreuen ihre Asche nicht anonym, wir behalten ihre Namen im Gedächtnis und haben auch einen realen Ort für ihn, weil wir glauben, dass auch Gott ihre Namen ins Buch des

Lebens geschrieben hat. Auf einem Friedhof können wir das selbst gut erfahren und Kindern und Jugendlichen zeigen. Wir können an den Grabsteinen sehen, wie kurz oder wie lang ein Leben war, auch bei Fremden. Und bei eigenen Familienmitgliedern oder Menschen, die wir kannten, erzählen, wer das war, welche Erinnerungen wir haben. Wir vergessen die Toten nicht, sie bleiben ja Teil unseres Lebens. Wir erinnern die Namen und haben Orte der Trauer.

Wer Kinder davon ausschließt, lässt sie auch allein, etwa mit der Frage: Wo ist der Opa jetzt, was ist geschehen? Die Fantasien, die da entstehen, können sehr belastend sein. Es ist merkwürdig, dass Kindern in unserem Land zugemutet wird, vor ihrem 14. Lebensjahr durchschnittlich 18.000 (!) tote oder sterbende Menschen im Fernsehen zu sehen, aber dann heißt es, zu einer Beerdigung könnten sie nicht mitgenommen werden.

Lieder

„Eine Antwort auf Pisa: Singen“ ist ein gelungener Slogan vom Verband Evangelischer Kirchenchöre. Singen ist Teil von Bildung. Geradezu absurd scheint der Trend, nun schon in der Schwangerschaft Musik zu hören, um das im Mutterleib wachsende Kind zu bilden, dann aber mit dem eigenen Kind nicht zu singen. Wie viel Kultur in der Familie geht da verloren! Und wie viel Freude am Miteinander. Das Singen neu zu lernen, das muss ein Anliegen sein, weil, wie der Musikwissenschaftler und Gesangspädagoge Karl Adamek das formuliert hat, „die Seelen verstummen“, wenn das Singen bedroht ist. Menschen, die singen, sind nachgewiesenermaßen psychisch und physisch gesünder. Worte zu kennen, die andere vor uns geformt haben, kann so unendlich hilfreich sein, wenn wir selbst verstummen: vor Kummer oder vor Glück. „Befiehl du deine Wege“ anstimmen zu können oder ein Jubellied zu singen, gibt der Sprachlosigkeit Form und Halt.

Nena:
» Kinder sind kreativ, sie sind verspielt und sie leben total im Hier und Jetzt. «

Musikerin

Vorbilder

Kinder und Jugendliche suchen Orientierung an Erwachsenen. Sie wollen wissen, was Erwachsene glauben, wo sie Halt finden, um für sich selbst einen Weg zu finden in Identifikation oder auch Abgrenzung. Dabei müssen die Vorbilder nicht immer gleich Heilige sein. Aber erkennbar sollten sie sein mit ihren Schwächen und Stärken.

Meine Großmutter hatte für jede Lebenslage einen Bibelvers parat. Wenn es Ärger und Auseinandersetzungen gab, hieß es: „Lass die Sonne nicht über deinem Zorn

untergehen – schrieb schon der Apostel Paulus an die Epheser!" Gab es Streit mit den Eltern, wurde das vierte Gebot herbeigeholt. Bei Kinobesuchen an Feiertagen hieß es: „Nichts da: ‚Du sollst den Feiertag heiligen!'"

Nervend fanden wir das manchmal, überfromm. Und fordernd konnte sie auch sein, sie hat das Vierte Gebot durchaus in Anspruch genommen, etwa gegenüber meiner Mutter, die sie pflegte, als sie älter wurde. Sie war kein perfekter Mensch. Wie wir alle hatte sie ihre Fehler und Schwächen. Aber sie war offen für Gespräche über Gott und die Welt, und sie hatte einen Standpunkt, der ihr offensichtlich geholfen hat, zwei Weltkriege durchzustehen, die Verschleppung des Ehemannes, die Flucht aus Hinterpommern, den Neuanfang mit Kindern und Enkeln in Hessen. Das hat mir imponiert. Sie hat im christlichen Glauben Halt gefunden, warum sollte das nicht auch Halt für uns bieten?

Allen Kindern eine Chance

Paul Dalby, Pastor
und Vater von vier Söhnen

Wenn ich zurückdenke an meine Kindheit in den Sechzigern und Siebzigern, dann war das keine heile Welt. Taschengeld wurde in Groschen (lies: 10 Pfennigstücken) bemessen und mit kurzen Lederhosen zwangsbeglückt, waren nach Fußballspielen zwischen den Bordsteinkanten beide Knie jedes Mal hoffnungslos blutig geschlagen. Karamellbonbons oder Brausepulver gehörten zum größten Glück. So einfach war das – und so schön. Im Rückblick verklärt sich manches. Klar. Es war nicht alles anders oder besser.

Doch es war einfacher. Es war trotz aller damals natürlich wie heute vorhandener gesellschaftlicher Unterschiede weniger unterschieden, also gefühlt „gleicher“ als heutzutage. Weniger getrennt. Wir wussten, wer reich und wer arm war. Wir wussten, wer es zuhause gut und wer es weniger gut hatte. Und hatten doch gemeinsam eine Kindheit und Jugend. Wir wussten voneinander.

Das ist das erste und noch rein äußerliche, was mich antreibt für das Projekt „Zukunft(s)gestalten – Allen Kindern eine Chance“: die gegenseitige Wahrnehmung. Kinder brauchen Kindheit. Sie brauchen Schutzraum und Gemeinschaft, um ihre Kindheit zu gestalten. Ich staune über die Geschöpflichkeit, die uns miteinander verwebt und füreinander verantwortlich werden lässt. Die Alten für die Jungen, die Großen für die Kleinen. Wenn wir spüren, wie eine Babyhand sich um unseren Zeigefinger schließt, oder wenn wir zusehen, wie Kinder Verstecken spielen oder johlend durch Pfützen fahren, leuchtet uns Erwachsenen etwas davon auf.

Im christlichen Glauben deuten wir dies als Zeichen geschöpflicher Verwandtschaft und damit gegebener gegenseitiger Bedingtheit und Verantwortung. Zukunft(s) gestalten will diese Verantwortung ernst nehmen. Wir sollten voneinander und umeinander wissen. Wir sollten

Schirmherrin Margot Käßmann erhält eine Spende für „Zukunft(s)gestalten", 2009

füreinander da sein und denen Räume schaffen, die es für sich selbst nicht können. Das sind wir einander und Gott schuldig. Dafür arbeiten viele hundert Menschen in der hannoverschen Landeskirche ehrenamtlich in mehr als einhundert Projekten vor Ort.

Oft werden es nur Zeichen sein – doch Zeichen weisen über sich hinaus auf das Grundsätzliche einer Gesellschaft – den grundsätzlichen Mangel und das grundsätzlich Richtige. Darum ist Zukunft(s)gestalten über die gelingenden Projekte hinaus eine Mahnung in die Gesellschaft hinein. Ein Fingerzeig, dass es bei der wachsenden Ausgrenzung und Ausblendung derer, die „schwächeln", nicht bleiben darf. Kirche wird sich auch an dieser Stelle einbringen in den gesellschaftlichen Diskurs und Salz in die Suppe geben.

Doch es ist mehr als das. Wenn wir als Christinnen und Christen glauben, unsere Geschöpflichkeit Gott zu verdanken und vor ihm für unser Handeln verantwortlich zu sein – erkennen wir zugleich unser individuelles und gemeinschaftliches Scheitern an, die Welt in ein Paradies zu verwandeln. Es ist uns bei allem Streben nicht gegeben – wenn wir uns nicht übernehmen und anmaßend sein wollen. Vergeblichkeit und Scheitern brauchen Vergebung und Neuanfang. Die finden wir im Glauben an Jesus Christus. Er befreit uns, zu glauben, nun zum ersten Mal alles in der Geschichte der Menschheit richtig zu machen. Auch davon zeugen die Projekte. Wir wollen dazulernen, wollen besser werden und mehr erreichen. Wir wollen, dass Kinderarmut in Niedersachsen eines Tages der Vergangenheit angehört – in meinem Dorf, meinem Stadtteil, der Stadt, dem Land. Das ist das Ziel. Aber dann bleibt immer noch Deutschland. Danach warten Europa und die Welt. Vor der Hybris, all das sofort zu erreichen, behütet das Wissen um Endlichkeit und bleibende Angewiesenheit auf Gottes Vergebung. Doch zugleich befreit sie vor der Verzagtheit, gar nicht erst anzufangen.

Vergebung ermöglicht Neuanfang – Zukunft(s)gestalten werden Zukunft gestalten. Mehr als hundert Projekte machen dazu Mut!

KAPITEL 11

Evangelisch sein

Mich faszinieren die niedersächsischen Klöster. Was für ein besonderer Schatz der hannoverschen Landeskirche! Eine kluge Frau, Elisabeth von Calenberg, hat ihre Existenz über die Reformationszeit hinweg gerettet, indem sie eine schützende Hand über sie hielt, vor allem als Orte von Frauen, denen es um Kirche, Bildung und soziales Engagement ging und geht. Wer diese Räume betritt, spürt etwas von der Spiritualität durch die Jahrhunderte. In diesen alten Mauern weht ein anderer Geist als der von Kommerz und Geltungsbewusstsein. Als ich kurz vor meinem Abschied aus dem Rat der EKD im Kloster Wülfinghausen mit Schwester Adelheid und Schwester Reinhild im Klostergarten saß, wurde mir geradezu körperlich bewusst, welchen Frieden so ein Ort ausstrahlen kann. Das habe ich auch erlebt, als wir mit zwölf Frauen, die alle in leitenden Positionen beruflich engagiert sind, im Kloster Wennigsen waren. Miteinander das Schweigen suchen im alten Nonnenchor, um dann anders miteinander reden zu können.

Wir haben in der evangelischen Kirche in den vergangenen Jahren Spiritualität auf wunderbare Weise neu entdecken dürfen. Ich erinnere mich an die Eröffnung des Pilgerweges Volkenroda-Loccum in Hameln. Damals haben manche gelästert, was das denn solle, Wandern mit Gott? Aber viele Menschen haben es angenommen, einen so besonderen Weg zu gehen, auf dem Mönche schon 1163 unterwegs waren. Sogar mit der Landesregierung sind wir als Kirchenleitung einen Tag diesen Weg gegangen und die Gespräche waren andere als die im Sitzungssaal. Spiritualität heißt für mich, Formen zu finden, in denen Gottes Geist wirken kann: Stille, Meditation, Gebet, Körpererfahrung. Das ist keine Abkehr von der Welt, sondern ein Kraftschöpfen aus den Quellen unseres Glaubens.

Bibel, Beten, Bildung und Bekenntnis

Margot Käßmann

Immer wieder kommt die berühmte Frage: „Welches Buch würden Sie auf eine einsame Insel mitnehmen?" Manchmal ist es mir fast peinlich zu sagen: „Die Bibel". Bei einer Bischöfin hört sich das so an, als sei das ein berufsbedingter Reflex. Dabei bin ich schlicht als Mensch, als Christin überzeugt, dass sich dieses Buch der Bücher wahrhaftig niemals ausliest. Ein Text der Bibel ist nie ein für allemal im Leben derselbe. Die Erfahrung vieler Menschen mit *Psalm 23* ist außerordentlich verschieden. Diese Worte haben für viele Menschen Trost und Zuspruch in unterschiedlichen Situationen bedeutet. Und dann gibt es auch diejenigen, die innerliche Widerstände spüren, wenn sie hören: Dein Stecken und Stab trösten mich. Sie verbinden damit Schläge in der Familie, die angeblich gut für sie sein sollten. Erzählte Gotteserfahrung und erlebte Gottesexistenz treffen aufeinander. Es geht um eine Dreiecksbeziehung zwischen Gott, Mensch und Kontext, in der biblische Texte je neu reflektiert werden und relevant sind.

Für die Kirche der Reformation bleibt die Bibel von zentraler Bedeutung, um Orientierung zu finden. Die Übersetzung der Bibel in die deutsche Sprache war ein revolutionärer Vorgang. Heutzutage wird das ignorant behandelt. Immer wieder erlebe ich, dass Menschen sagen, das Christentum, das sei doch nicht interessant. Und wenn ich frage, was sie denn so Abschreckendes in der Bibel gelesen haben, wo ihre Schwierigkeiten liegen, dann wird oft klar: Sie haben noch nie in der Bibel selbst gelesen. Das ist ein Trauerspiel!

Gleichzeitig hat die Bibel auch unsere Kultur, die Literatur, die Musik, das Theater geprägt. Wer die Bibel nicht kennt, wird europäische Geschichte und Architektur nicht verstehen, sie ist auch ein Kulturgut. Und nur wer selbst in der Bibel liest, kann verstehen, worum es da geht, kann auch widerlegen oder befürworten, was behauptet wird.

Mir geht es darum, dass wir in unserer Zeit von der Bibel her Orientierung suchen und auch endlich die Sprache wiederfinden als evangelische Christinnen und Christen. Wir müssen von unserer eigenen Sache reden, vom Glauben an Jesus Christus, davon, dass Gott die Welt geschaffen hat, dass die Erde Gott gehört und wir Haushalterinnen und Haushalter sind, die sie verantwortlich zu bebauen und zu bewahren haben. Viele Christinnen und Christen sind darüber stumm geworden. Über alles und jedes wird gesprochen, aber nicht über den eigenen Glauben. Hier liegt eine große Herausforderung. Wie finden wir eine eigene Sprache, die nicht den formelhaften Bekenntnissen beispielsweise der amerikanischen Kultur

Oslo Gospel Choir, Hannover 2007

entspricht, aber doch Glaube und Vernunft in ein Verhältnis setzt? Welche Sprache können wir finden, die weder verkitscht noch altertümlich oder aufdringlich ist, sondern schlicht überzeugend? Wenn heute kritisiert wird, die Kirchen dürften sich nicht den Medien anbiedern, christliche Wahrheit sei einfach nicht in einer Minute und dreißig Sekunden radiogerecht zu vermitteln, denke ich: Jedes der Gleichnisses Jesu lässt sich wahrscheinlich in einer Minute und dreißig Sekunden lesen. Das heißt, Jesus konnte Glaubenswahrheit mit einfachen Worten und lebensnahen Beispielen eindrücklich vermitteln.

Die evangelische Kirche beginnt in den vergangenen Jahren eine neue Liebe zur Spiritualität zu entdecken. Die evangelischen Kirchentage haben daran sicher einen

Konventualinnen vor dem Kloster Medingen

Eröffnung des 300 Kilometer langen Pilgerwegs Loccum-Volkenroda, Hameln

großen Anteil. Beim Deutschen Evangelischen Kirchentag in Bremen 2009 zeigte sich eine neue Sehnsucht vieler in unseren Gemeinden danach, den Glauben mit allen Sinnen zu erleben. Spiritualität ist aber auch eine Art Modethema. Alle reden darüber, aber niemand weiß offenbar so ganz genau, was das konkret sein soll! Eine kurze Definition des Begriffes ist kaum möglich. Er schließt „Glaube, Frömmigkeitsübung und Lebensgestaltung" zusammen und „bietet also eine Alternative zu spätprotestantischer, entweder einseitig wortorientierter oder ebenso einseitig handlungsorientierter oder ebenso einseitig stimmungsorientierter Frömmigkeit." Fulbert Steffensky versucht, den Begriff Spiritualität als „geformte Aufmerksamkeit" oder „Erfahrung der Einheit des Lebens" zu fassen. Das Beten gilt als das „Herzstück christlicher Spiritualität".

Und es ist wohl auch der einfachste Zugang zu Spiritualität, da bedarf es keiner langwierigen Unterweisung, es betet sich sozusagen von selbst. Und das sollten wir auch nicht verkomplizieren. Martin Luther hat einmal an seinen Barbier Meister Peter über „Eine einfältige Weise zu beten" geschrieben und ihm Mut gemacht, ganz schlicht das Vaterunser zu sprechen. Nicht allzu viel Bremborium solle gemacht werden, sondern in diesem Gebet sei alles aufgehoben, wenn sich das Herz dafür erwärme.

Luther schreibt: „Und ich habe so auch oft mehr in einem Gebet gelernt als ich aus viel Lesen und Nachsinnen hätte kriegen können. Darum kommt es am meisten darauf an, dass sich das Herz zum Gebet frei und geneigt mache ... Was ist's anders als Gott versuchen, wenn das Maul plappert und das Herz anderswo zerstreut ist?" Ja, Gebet ist auch Konzentration. Es ist gut, einen eigenen Ort für das Gebet zu haben oder eine feste Zeit. Es gibt das gemeinsame Gebet im Gottesdienst, aber vor allem auch das persönliche Gebet im Tagesablauf. Gebet ist auch Einübung einer gewissen Routine. Auf diese Weise kann das Gespräch mit Gott Teil unseres Alltags werden. Wir beginnen unseren Gesprächsfaden mit einem festen Ritual. Und dann wird das Gespräch auch hier und da an anderen Punkten im Alltag oder im Urlaub, in Krisensituationen oder in Zeiten überschäumenden Glücks Teil unseres Lebens sein. Kraftvoll soll vor allem das „Amen" gesprochen werden, so Luther, damit wir den Zweifel bekämpfen und fest zu unserem Glauben stehen. Luther hat den Zweifel nie unter den Tisch gekehrt, das ist mir wichtig. Niemand steht so fest im Glauben, dass er oder sie nicht auch wanken würde. Luther betont, wir würden ja nicht allein beten, sondern mit der ganzen Christenheit. Dieser Gedanke, dass ein Gebet um die ganze Welt geht, ist besonders bewegend.

Gebete verändern. Mich hat immer wieder die Erfahrung der Montagsgebete in der Leipziger Nikolaikirche beeindruckt. Zu DDR-Zeiten begannen sie im kleinen Kreis. Sie wurden voller, ja überfüllt, weil hier in Freiheit ausgesprochen werden konnte, was Menschen bedrängt. In dem Roman „Nikolaikirche" hat Erich Loest diesen Gebeten, die Pfarrer Christian Führer initiiert hatte, ein

Evangelisch weil...

Brigitte Boehme:
…mir die Freiheit eines Christenmenschen wichtig ist

69, ROLG i.R. und Präsidentin in der Bremischen Ev. Kirche

Eckhart von Hirschhausen:
…es die Religion ist, die die Freiheit der Menschen besonders betont. Und ich mag die Musik, von Bach bis Klepper.

Kabarettist und Bestsellerautor, Berlin

Albert Henz:
…diese Kirche einen demokratischen Aufbau hat.

Pfarrer, 54, Superintendent, Iserlohn

Benjamin Fissler:
…selber denken erwünscht ist.

26, Student, Recklinghausen

Elke Eisenschmidt:
…wir in unserer Kirche frei sind, Gottes Wort selbst zu verstehen und einander davon zu erzählen.

27, Mathematikerin und Mitglied im Rat der EKD, Hamburg

Christina Brudereck:
…ich hier Worte finde, Räume und Zeichen, die unbezahlbar sind, kostbar und geschenkt

39, Schriftstellerin, Essen

Eckhard Baumann:
…das Evangelium die frohe Botschaft ist, dass wir in Gott auch in turbulenten Zeiten einen festen Anker haben.

Vorsitzender Straßenkinder e.V., Berlin

Ulli Naefken:
…ich selbstbestimmt meinen Glauben entdecken möchte und darf.

30, Produzent, Weinheim

Friederike Kohz:
…evangelisch mich als gläubigen Menschen frei macht.

46, Ärztin, Hamburg

Quelle: http://www.kirche-im-aufbruch.ekd.de/zukunftswerkstatt/mitmachaktion_evangelisch_weil.php

Mit Ben Becker, 2008

Denkmal gesetzt. Nach der Wende wurde es still um sie, aber eine kleine Gruppe hat sie weitergeführt. Und als der Golfkrieg begann, kamen wieder Tausende in ihrer Not und Angst. Danach blieb wieder ein kleinerer Kreis zurück, der jeden Montag diese Gebete aufrechterhielt. Bei der Entführung zweier Männer aus Sachsen im Irak aber, wussten die Menschen, wohin sie gehen konnten, um ihre Sorge um sie, ihren Kummer auszudrücken. Wieder war die Nikolaikirche DER Ort der Fürbitte.

Beim reformatorischen Bildungsverständnis ließ Luther die Vorstellungen des Mittelalters hinter sich. Er betonte, dass jede Frau und jeder Mann eigenständig den Glauben an den dreieinigen Gott bekennen kann und verstehend das Bekenntnis zu Jesus Christus bejaht. Die Voraussetzung für einen mündigen Glauben war für Luther, dass jede und jeder selbst die Bibel lesen konnte und so gebildet war, dass er den Kleinen Katechismus, das Bekenntnis für den alltäglichen Gebrauch, nicht nur auswendig kannte, sondern auch weitergeben konnte und damit sprachfähig im Glauben war. Grundlage dafür war eine Bildung für alle und nicht nur für wenige, die es sich leisten konnten oder durch den Eintritt in einen Orden die Chance zur Bildung erhielten. Bildungsgerechtigkeit und Bildungsteilhabe – Martin Luther war der erste, der diese Themen öffentlich machte und sich vehement dafür einsetzte. Er hatte dafür zwei theologische Gründe: Glaube war für ihn gebildeter Glaube, also ein Glaube nicht aus Konvention und nicht aus spiritueller Erfahrung allein. Dass Glauben immer gebildeter Glauben ist, ist in seiner eigenen Biographie tief begründet. Nur durch das intensive theologische Studium der Bibel, aber auch von Augustinus-Schriften ist er zur befreienden Rechtfertigungseinsicht gelangt. Glaube ist für Luther immer eigenverantwortlicher Glauben: Der einzelne Christ muss sich vor Gott verantworten und ist als einzelner von Gott geliebt. Die Kirche ist die Gemeinschaft der Getauften, aber nicht mehr die Heilsmittlerin für den Einzelnen. Glauben als gebildeter und eigenverantwortlicher Glaube sind die wesentlichen theologischen Beweggründe dafür, dass Luther sich vehement für eine öffentliche Bildung einsetzte, damit alle Bürgerinnen und Bürger die Möglichkeit zur Bildung erhielten. Luther verdanken wir in Deutschland die Volksschulen als „Schulen für alle“ – es ist interessant, aber von seinem theologischen Ansatz her nur konsequent, dass er sich selbstverständlich auch für die Bildung von Mädchen einsetzte. Bei unserem Engagement für die öffentliche Bildung werden wir in Zukunft noch stärker auf den Religionsunterricht achten müssen. Ein Ethikunterricht für alle ist nicht leistungsfähiger, was die Integration innerhalb der Gesellschaft betrifft als der Religionsunterricht – vielleicht ganz im Gegenteil. Der Religionsunterricht braucht unsere Unterstützung als Kirche, weil vielen nicht bewusst ist, was er für die schulische Bildung leistet.

Norman Scholz:
» Ihre Assoziationen, biblische Texte in die Moderne zu übertragen, finde ich immer wieder toll und vor allem überraschend. «

46 Jahre

Wenn es um das Bekenntnis unseres persönlichen Glaubens geht, denke ich zuallererst an das Apostolikum, das Glaubensbekenntnis, das wir im Gottesdienst sprechen. Seit Jahrtausenden wird es gesprochen als Zusammenfassung all unseres Glaubens. Immer wieder einmal erhalte ich Vorschläge, wie es denn zu aktualisieren wäre. Aber ich denke, wir können uns schlicht auch fallen lassen in die Glaubensformulierungen unserer Väter und Mütter im Glauben, ohne jeden Satz einer ständigen Überprüfung der eigenen Dignität zu unterziehen. Ständige Individualisierung macht auch nicht alles besser.

Bei unserem Kirchenverständnis berufen wir uns auf die Confessio Augustana *(Augsburger Bekenntnis)*. Artikel 7 ist und bleibt eine grandiose Beschreibung des lutherischen Verständnisses bis heute. Kirche ist da, wo das Evangelium gepredigt und die Sakramente gefeiert werden. Wir sind Kirche. Andere haben andere Definitionen. Das mag so sein. Aber dass wir keine gleichförmigen Zeremonien benötigen, sondern vom Grundsatz des Evangeliums her Einheit verstehen in aller fröhlichen Vielfalt, das ist bis heute typisch evangelisch.

Evangelisch sein

»Von der Kirche: Es wird auch gelehrt, daß alle Zeit müsse eine heilige christliche Kirche sein und bleiben, welche ist die Versammlung aller Gläubigen, bei welchen das Evangelium rein gepredigt und die heiligen Sakramente dem Evangelium gemäß gereicht werden. Denn dieses ist genug zu wahrer Einigkeit der christlichen Kirche, daß da einträchtig nach reinem Verstand das Evangelium gepredigt und die Sakramente dem göttlichen Wort gemäß gereicht werden. Und es ist nicht nötig zu wahrer Einigkeit der christlichen Kirche, dass allenthalben gleichförmige Zeremonien, von den Menschen eingesetzt, gehalten werden, wie Paulus spricht Eph. 4: „Ein Leib, ein Geist, wie ihr berufen seid zu einerlei Hoffnung eures Berufs, ein Herr, ein Glaube, eine Taufe.«

Artikel 7 des Augsburger Bekenntnis von 1530

»Vom Heiligendienst wird von den Unseren so gelehrt, dass man der Heiligen gedenken soll, damit wir unseren Glauben stärken, wenn wir sehen, wie ihnen Gnade widerfahren und auch wie ihnen durch den Glauben geholfen worden ist; außerdem soll man sich an ihren guten Werken ein Beispiel nehmen, ein jeder in seinem Beruf. Aus der Heiligen Schrift kann man aber nicht beweisen, dass man die Heiligen anrufen oder Hilfe bei ihnen suchen soll. „Denn es ist nur ein einziger Versöhner und Mittler gesetzt zwischen Gott und den Menschen, Jesus Christus" (1.Tim 2,5). Er ist der einzige Heiland, der einzige Hohepriester, Gnadenstuhl und Fürsprecher vor Gott (Röm 8,34). Und er allein hat zugesagt, dass er unser Gebet erhören will. Nach der Hl. Schrift ist das auch der höchste Gottesdienst, dass man diesen Jesus Christus in allen Nöten und Anliegen von Herzen sucht und anruft: „Wenn jemand sündigt, haben wir einen Fürsprecher bei Gott, der gerecht ist, Jesus" (1. Joh 2,1) usw.«

Artikel 21 des Augsburger Bekenntnis von 1530

Evangelisch und spirituell

Viel zu kopflastig sei der Protestantismus, ist immer wieder zu hören. Und dann wird schnell auf die katholische Schwesterkirche verwiesen mit ihren farbigen Gewändern und grandiosen Inszenierungen oder auch auf die Orthodoxen mit bilderreichen Kirchen und ihren fremdartig wirkenden Traditionen. Dort sei – jeweils für sich – das Heilige zu spüren, aber bei den Protestanten sei alles nüchtern, weltorientiert, gegenwärtig. „Kirche des Wortes – aber wo wird das Herz angesprochen," nahm Margot Käßmann den Vorwurf auf, um ihm sofort eine Alternative zur Seite zu stellen: Spiritualität. Sie biete „eine Alternative zu spätprotestantischer, entweder einseitig

Margot Käßmann und der damalige Hildesheimer katholische Bischof Josef Homeyer vor einem ökumenischen Gottesdienst, 2007

wortorientierter, oder ebenso einseitig handlungsorientierter, oder ebenso einseitig stimmungsorientierter Frömmigkeit." nimmt sie Fulbert Steffenskis Gedanken zur Spiritualität auf. Vier tragende Standbeine und zahlreiche Spielbeine entdeckt sie im protestantischen Glaubensleben für diese Einheit von „Glaube, Frömmigkeitsübung und Lebensgestaltung".

Vier Standbeine brauche es, den evangelischen Glauben zu leben: Bibel, Gottesdienst, Gebet und Gesangbuch. Das sind die Grundpfeiler, auf denen viel Kreativität und Phantasie wachsen kann: „Wenn die vier Grundpfeiler solide sind, gibt es keine ‚falschen' Wege. Wenn Jesus Christus die Mitte unseres Glaubens ist, das Kreuz – bildlich gesprochen – fest steht, ist weiter Raum für Kreativität und Vielfalt. Viele sind skeptisch gegenüber Spiritualität, weil sie auch ein Wagnis ist, weil wir uns dabei persönlich einlassen müssen auf unseren Glauben, ohne die Distanz halten zu können, die etwa ein Gottesdienst möglich macht. Manchmal braucht es Mut, sich auf einen solchen Weg zu begeben. Dieser Mut aber lohnt sich, denn erfahrener und gelebter Glaube gibt unserem Leben eine Tiefe, die nicht käuflich ist."

Und Mut will sie machen, den eigenen Glauben zu erfahren und auszuprobieren. Und dabei hat sie dann auch manches wieder zurechtgerückt, was öffentlich anders wahrgenommen wurde: „Fasten wird heute neu entdeckt, nicht nur im Zusammenhang mit Spiritualität, sondern auch als Heilfasten im Gesundheitsbereich. Christliches Fasten aber ist nie Selbstzweck, sondern eine Zeit der Vorbereitung." Und sie verwies auf die evangelische Aktion „7-Wochen-Ohne" zwischen Aschermittwoch und Karfreitag, an der Jahr für Jahr über 2 Millionen Menschen teilnehmen, „auch um auf lieb gewordene „Sünden", wie zum Beispiel Alkohol, Nikotin, Süßigkeiten zu verzichten, und damit zu klären, was Lebensqualität ausmacht und Platz für Veränderungen zu schaffen. Oder sie erinnert daran, dass die Kirchen lange vor Hape Kerkeling und dessen Bestseller das Pilgern neu entdeckt haben. Doch: „Seine Aufzeichnungen dazu sind durchaus tiefgründig, es geht ihm darum, „durch die Pilgerschaft zu Gott und

Spiritualität des Tanzes

Bei einem Kirchentag war ich eingeladen zu einem Podium zum Thema „Spiritualität". Ich landete in einer Veranstaltung, in der ich mit 7000 anderen Menschen „Liturgie tanzen" sollte. Nun ist die Gabe des Tanzes wahrhaftig nicht das größte Geschenk, das mir Gott mit auf den Weg gegeben hat. Und doch hat mich dieser Nachmittag bewegt im wahrsten Sinne des Wortes. Ich bin mir sehr bewusst, wie kritisch ein solcher Zugang beäugt wird nach dem Motto: lauter Frauen mit bunten Bändern! Aber das ist ängstlich und kurzsichtig zugleich. Unser Körper ist ein Geschenk Gottes. Und diesen Körper zu erfahren, zu bewegen und mit Gesten auszudrücken, was unser Schmerz ist oder unser Glück, das kann eine wunderbare Gotteserfahrung sein. Nein, das ist nicht lächerlich, das ist Spiritualität, gelebter und erfahrener Glaube.

Margot Käßmann

Auf dem Weg zum Gottesdienst

damit auch zu mir zu finden.“ Um dies auch evangelisch zu verstehen, wurde in der hannoverschen Landeskirche ein Pilgerprojekt ins Leben gerufen: „Pilger sind Sammler der Spuren Gottes. Diese mit Leib, Seele, Geist und allen Sinnen zu entdecken, machen wir uns auf den Weg. Der führt ins Freie und zugleich in Geborgenheit.“

Auch die in evangelischem Denken gewohnteren Formen der Spiritualität hat sie neu ins Bewusstsein gerufen: eine Kerze anzuzünden, zu meditieren oder sich in der Stille wiederzufinden. Dabei scheut sie sich nicht, auch eigene Zweifel deutlich zu benennen: „Meine eigene erste Meditationserfahrung hatte ich, als ich vor Jahren schnell noch in eine Passionsandacht gehen wollte. Ich war etwas unter Zeitdruck, zu Hause warteten meine Kinder, und ich dachte, länger als fünfzehn Minuten würde das wohl nicht dauern. Aber falsch gedacht! Die Pastorin bat uns, auf einem Meditationsschemel Platz zu nehmen, stellte ein Christusbild in die Mitte und las einen kurzen biblischen Text. Dann bat sie uns, diesen Text für 25 Minuten mit Blick auf das Bild zu meditieren. Ich habe die ersten zehn Minuten unruhig gehadert! Die Gedanken überschlugen sich: „Könnte ich wohl einfach hinausgehen, würden die Kinder sich fragen, wo ich bleibe, warum war ich überhaupt hierher gekommen?" Aber nach einiger Zeit habe ich gemerkt, dass ich das alles loslassen konnte. Es war wie ein Leer-Werden, eine Konzentration der Gedanken auf dieses Christusbild wurde in ganz neuer Weise möglich."

Und eine der neueren, in evangelischen Frauenkreisen entdeckten Form der Spiritualität hat sie auch in die Reihe der Wagnise aufgenommen, für die sie Mut macht: den Tanz. Letzendlich ein Ausdruck der ältesten evangelischen Form, Spiritualität zu erleben: Die Musik – und dabei versteht sie Musik von den Oratorien Johann Sebastian Bachs über die Choräle mit Texten von Paul Gerhardt bis hin zu den aktuellen Liedern von Xavier Naidoo. Und manchmal – das weiß sie – kann es ein banal wirkender Schlager sein, der sie in dunklen Stunden erinnert, dass sie das Leben liebt. Etwa wenn Vicky Leandros singt: „Nein, sorg' dich nicht um mich, du weißt ich liebe das Leben" – Spiritualität kennt viele Formen.

Vicky Leandros:

» Nein, sorg' dich nicht um mich. Du weißt, ich liebe das Leben! «

Musikerin

Was heißt Vorbild sein?

Muss das nicht auch bedeuten, die eigenen Grenzen, das eigene Scheitern bewusst zu reflektieren?

Wir haben als Ordinierte keinen Weihestatus, wir müssen nicht so tun, als seien wir über alles Menschliche erhabene Personen. Denn das sind wir wahrhaftig nicht. Wir sprechen von der Rechtfertigung des Sünders. Niemand muss behaupten, als Person im ordinierten Amt unfehlbar zu sein. Geistlich leiten bringt für mich die Frage: Wie reflektiere ich meine eigenen Grenzen und Unzulänglichkeiten? Sehe ich meine Grenzen, stehe ich zu den Makeln in meinem Leben?

Ich denke, unglaubwürdig werden ein Pastor oder eine Pastorin gerade dann, wenn sie versuchen, zu vertuschen, was nicht gelingt. Geistlich leiten ist kein Programm, es ist eine Stilfrage, eine Frage der Haltung. Ja, wir müssen dringend moderne Führungs- und Kommunikationsmethoden aufnehmen. Aber wir müssen auch noch wissen, wozu wir uns bei unserer Ordination verpflichtet haben, unser Amt in Treue zu führen etwa. Ja, wir können uns beraten lassen, Supervision ist kein Zeichen von Schwäche.

Aber wir müssen auch bereit sein, vor Gott und den Menschen Verantwortung zu übernehmen. Ich wünsche mir, dass leitende Geistliche gute leitende Kompetenzen haben und auch gerne dafür Fortbildung in Anspruch nehmen. Mich nervt es, wenn Menschen Sitzungen um Stunden verlängern, weil sie nicht in der Lage sind, die Moderation leitend wahrzunehmen. Mich macht es unruhig, wenn Menschen leitend tätig sein wollen, aber nicht wagen, Entscheidungen zu treffen, weil die ja falsch sein könnten. Ja, bitte, leitet! Ich wünsche mir Menschen mit Kompetenz und Urteilsvermögen, Menschen mit Mut zu Entscheidungen und Verantwortungsbewusstsein, Männer und Frauen, die ihre Existenz im Glauben gründen und Lust am Gestalten haben."

Margot Käßmann

KAPITEL 12

Gerechtigkeit erhöht ein Volk

Darf die Kirche politisch sein? Das bin ich als Bischöfin oft gefragt worden. Natürlich muss sie politisch sein, kann ich nur antworten. Wenn in der Bibel steht, dass Gerechtigkeit ein Volk erhöht, wie soll dann die Frage danach gleichgültig sein für die Kirche? Wenn Jesus die Sanftmütigen selig preist, wie kann die Kirche anders, als für Behinderte, Benachteiligte, Sterbende, diejenigen, die nicht mithalten können, energisch einzutreten?

Gerade die Besuche in Altenheimen, Behinderteneinrichtungen und ambulanten Sozialstationen haben mich immer wieder beeindruckt. Wie schwer ist es für eine Pflegekraft, in 23 Minuten die „große Morgenwäsche mit Toilettengang" zu bewältigen. Und wenn der alte Mann dann weint und gern erzählen möchte, muss sie sich losreißen und weitergehen. Das hat mit der Würde der Alten, von der das vierte Gebot spricht, nichts zu tun. Ich bewundere Menschen, die einen solchen Dienst als Erwerbsarbeit über das Maß hinaus tun, wenn sie doch länger bleiben, einen Kuchen mitbringen, die Hand streicheln.

Ohne ehrenamtliches Engagement kann die Würde derer, die auf Pflege, Besuch, Zeit angewiesen sind, nicht gewahrt werden. Deshalb habe ich besonders gern Organisationen wie die „Grünen Damen" unterstützt, die Tafeln, die Hospizbewegung. Das Gewebe einer Gesellschaft wird durch Menschen zusammengehalten, die nicht fordern, was der Staat zu tun hat, sondern sich einbringen mit Liebe und Zuwendung. Sie sind so Teil eines Segenskreises von Geben und Nehmen. Denn das ist doch deutlich: Es ist wunderbar, wenn ich etwas beitragen kann. Es ist ein Geschenk, wenn ich nicht betteln muss um Zuwendung mit Scham, sondern weiß, die andere macht es aus tiefstem Herzen gern. Das ist, was die Bibel als solidarische Gemeinschaft zeigt, eine Kontrastgesellschaft zu all dem Hauen und Stechen.

Von Gerechtigkeit träumen

Es war einmal der Junge, der in Gummistiefeln zum Einschulungsgottesdienst ging. Es war einmal die 83-jährige, völlig verwirrte Patientin, der ein Bein amputiert werden musste. Es war einmal die 25-jährige Iranerin, die zuerst der politischen Verfolgung und dann dem Mann, mit dem sie zwangsverheiratet war, entflohen und Christin geworden war und nun aus Deutschland abgeschoben werden sollte. Es war einmal die 51-jährige Spanierin, die nur noch wollte, dass ihr Beatmungsgerät abgestellt wird. Es war einmal jene junge Frau, deren große Liebe und Ehemann im Zinksarg von einem Auslandseinsatz zurückgekommen ist. Es war einmal die Mutter von sieben Kindern in Äthiopien, die bei

Festakt der Hanns-Lilje-Stiftung, 2009

der Fehlgeburt ihres achten Kindes so schwere Blutungen hatte, dass sie sterben musste. „Es war einmal" – so beginnen Märchen. Wer Märchen erzählt bekommt, weiß, dass das, was nach der Einleitung „Es war einmal" kommt, eine Geschichte ist, die eigentlich nicht wahr, aber in den Köpfen wirklich werden kann. So erleben Kinder die Geschichten der Gebrüder Grimm, deren Statuen auf dem Platz der Göttinger Sieben in Hannover stehen.

Der klassische Beginn eines Märchens kann auch anders verstanden werden: Die Formel „Es war einmal" muss nicht als Signal verstanden werden, dass nun eine Geschichte kommt, die in einer anderen Welt spielt. In dieser anderen Welt gründen vier Haustiere eine Musikband und ein Geschwisterpaar stößt auf eine Hexe, die schönste aller Frauen verendet an einem Apfel und sieben Jungtiere versuchen einen Wolf auszutricksen. „Es war einmal" kann auch die Hoffnung sein, dass Vergangenheit wird, was grammatikalisch schon Imperfekt ist: Die Geschichte reicht als Erinnerung in die Gegenwart hinein. Aber sie wird sich nicht wiederholen, weil die Wirklichkeit sich geändert hat: Alle Eltern kleiner ABC-Schützen haben einmal genug Geld, um entsprechende Schuhe zu kaufen. Frauen in Afrika werden einmal so gut versorgt sein, dass sie die Zahl ihrer Geburten regeln können und nicht bei der Geburt des jüngsten Kindes sterben. Frieden und Gerechtigkeit werden sich einmal küssen, so dass kein Soldat mehr in ein anderes Land muss und dort an Leib und Leben gefährdet ist.

Diese Interpretation von „Es war einmal" kann es nur geben, wenn sich Unrechtsgeschichten mit einem Traum verbinden. Es war der farbige Baptistenpastor aus Atlanta, der es geschafft hat, menschenunwürdige Wirklichkeiten mit einem Traum zu verbinden: Als Martin Luther King vor dem Lincoln Memorial in Washington seine Rede „I have a dream" gehalten hat, lebte Margot Käßmann als Fünfjährige im hessischen Stadtallendorf.

Das Prinzip klingt einfach: Es ist das Schicksal eines einzelnen, das sich mit einem Traum verbindet, um die Welt zu verändern. Rosa Parks stieg müde und vielleicht mit einer schweren Einkaufstasche bepackt in einen Bus

I have a dream

Ich habe einen Traum, dass sich eines Tages diese Nation erheben wird und die wahre Bedeutung ihres Glaubensbekenntnisses ausleben wird: Wir halten diese Wahrheit für selbstverständlich: Alle Menschen sind als gleich erschaffen.

Ich habe einen Traum, dass eines Tages auf den roten Hügeln von Georgia die Söhne früherer Sklaven und die Söhne früherer Sklavenhalter miteinander am Tisch der Brüderlichkeit sitzen können.

Ich habe einen Traum, dass eines Tages selbst der Staat Mississippi, ein Staat, der in der Hitze der Ungerechtigkeit und in der Hitze der Unterdrückung verschmachtet, in eine Oase der Freiheit und Gerechtigkeit verwandelt wird.

Ich habe einen Traum, dass meine vier kleinen Kinder eines Tages in einer Nation leben werden, in der man sie nicht nach ihrer Hautfarbe, sondern nach ihrem Charakter beurteilt.

Ich habe einen Traum, heute!"

Martin Luther King,
1963 in Washington D.C.

in Montgomery (Alabama, USA) und setzte sich auf einen der wenigen freien Plätze. Als ein Weißer Anspruch auf den Platz erhob, weigerte sie sich, aufzustehen. Das war strafbar. Dafür wurde sie verhaftet, angeklagt und zu einer Strafe von 10 Dollar sowie 4 Dollar Gerichtskosten verurteilt. Es war dieses eine Ereignis, das zum Symbol wurde für die Ungerechtigkeit, die alle kannten – und es war auch der Traum des damals noch unbekannten Baptistenpastors, der daraus eine Stimmung entstehen ließ, die nicht nur die Regeln in den Bussen Montgomerys änderte. Martin Luther King organisierte mit der „Montgomery Improvement Association" einen Boykott der Busse in der Stadt, der später die Behörden dazu zwang, die Rassentrennung innerhalb von Bussen und Zügen aufzugeben. Dies hat viele andere Proteste der Bürgerrechtsbewegung und in deren Folge auch konkrete Veränderungen in Amerika ausgelöst, die nicht damit enden, dass ein Farbiger Präsident der USA geworden ist, dessen Frau aus einer alten Sklavenfamilie stammt.

Christian Wulf:
»Das Ziel einer globalen Menschheitsfamilie, in der Recht und Gerechtigkeit für alle herrschen, steht uns allen als Ideal vor Augen.«

Ministerpräsident des Landes Niedersachsen (2003-2010), in „Selig sind..."

Die aller Vernunft widersprechende Verknüpfung individueller Geschichten mit dem Traum, die Welt zu verändern, hat nicht nur der Bürgerrechtsbewegung in den Vereinigten Staaten den Schwung des Erfolgs gegeben, sondern auch eine ganze Generation geprägt. Ende der 50er oder Anfang der 60er Jahre geboren, gehört es zu den frühen Erinnerungen, dass in den Nachrichten von der Ermordung Martin Luther Kings berichtet wurde. Zwischen all den Nachrichten, dass Studenten weltweit den Aufstand gegen die Welt der Eltern probten. Und was war mit denen, die für die 68er Bewegung zu spät geboren wurden? Die lasen irgendwann die von seiner Witwe Coretta Scott-King veröffentlichte Biographie, die sollten in der Schule wenige Jahre danach „I have a dream" übersetzen, ein Referat über Martin Luther King schreiben oder sangen aus dem „Student für Europa" „seinen" Song: „Hast du deine Zahnbürste dabei, du wirst sie noch gebrauchen". Und viele einer ganzen Generation spürten plötzlich die Kraft der Träume in ihrer Lebenswirklichkeit, die immer noch durch die Ordnung der Älteren geprägt war.

Es sind Träume, die sich an Werten orientieren, und die geträumt werden, wenn die Menschenwürde mit Füßen getreten wird: Etwa wenn Zahra Kameli in den Iran zurückgeschickt werden soll, wo vermutlich der Tod auf sie wartet: Die 1980 geborene Iranerin wurde mit 16 Jahren mit einem älteren Mann zwangsverheiratet. Mitte 2001 flüchtete sie mit ihm nach Deutschland, wo beide Asyl beantragten. Dort gebar sie Anfang 2002 ihre Tochter Atusa, kurze Zeit später wurde ihr Asylantrag abgelehnt. Zwei Jahre später, nachdem alle Rechtsmittel ausgeschöpft waren, tauchte Kameli mit ihrer Tochter in die Illegalität ab. Da sie sich von ihrem Mann getrennt und in Göttingen zum Christentum übergetreten war, galt sie nach muslimischen Recht als Ehebrecherin und Feindin des Islam – beides todeswürdige Verbrechen. Alle Appelle und alle Demonstrationen nützten nichts, ihre Abschie-

Treffen mit dem SPD-Vorsitzenden Sigmar Gabriel, Berlin 2010

Sonntagsschutz, 1999

bung zu verhindern, letztendlich war es der Kapitän des Flugzeuges, der sie zurück in den Iran bringen sollte und der eine Abschiebung verhinderte, weil er sich weigerte, sie zu fliegen. Später bekam die Iranerin unbeschränktes Aufenthaltsrecht, ihr geschiedener Mann kehrte mit der Tochter in den Iran zurück.

» Wer an den Dingen der Stadt keinen Anteil nimmt, ist kein stiller, sondern ein schlechter Bürger «

Perikles, 500 v.Chr.

Die Rettung einer einzelnen Asylantin verwirklicht noch keinen Traum und verändert die Welt nicht nachhaltig. Aber die Geschichte von Zahra Kameli hat der Gesellschaft deutlich gemacht, dass es bei all den juristisch richtigen Entscheidungen bei Asylfragen Härtefälle gibt, die einen anderen Blick brauchen. Weil Margot Käßmann mit anderen zusammen nicht locker gelassen hat, wurden auch in Niedersachsen und in vielen anderen Bundesländern Härtefallkommissionen eingerichtet, in der um der Menschen willen auf die Geschichte derer geschaut wurde, die auf Asyl in Deutschland gehofft hatten. Damit beginnt die Verwirklichung des Traumes, dass Fremde Gastrecht bekommen, auch wenn das geltende Recht dem entgegensteht: „Die Fremdlinge sollst du nicht bedrängen und bedrücken!“ *(2. Mose 22,20)*

So ist auch die Geschichte des Jungen, der in Gummistiefeln zur Einschulung gekommen ist. Solche Schuhe sind praktisch und brauchen wenig Pflege. Und seine Eltern konnten sich andere Schuhe für den „großen Tag“ nicht leisten. Entstanden ist daraus die Initiative „Zukunft(s)gestalten“ in der hannoverschen Landeskirche. Oder durch die Geschichten, der Menschen, die am Ende des Lebens verunsichert werden, weil sie die rechtlich gebotene Lebenserhaltung um „fast“ jeden Preis nicht wollen. Deshalb forderte Margot Käßmann bei jeder Gelegenheit, dass Menschen an der Hand liebender Menschen sterben können: Hospizbewegung und Palliativmedizin.

Wer solche Träume hat und lebt, unterliegt einer großen Gefahr: Die eigenen Träume absolut zu setzen und zum Maßstab zu machen. Margot Käßmann hat immer betont, dass der Maßstab geschenkt ist. Grundlage dieses Maßstabs ist für sie der Glaube an Gott als Schöpfer: Er hat den Menschen die Würde geschenkt, die niemandem zu nehmen ist, die aber eines besonderen Schutzes bedarf. Und immer wieder hat sie deutlich gemacht, dass die Grundwerte, mit denen die Menschenwürde geschützt werden kann, in den Zehn Geboten gegeben sind. Und damit kann sie dann auch mal eingefleischte Journalistinnen und Journalisten verblüffen, die meinen, alles zu kennen. So erzählt sie: „2006 wurde in Berlin das „Bündnis für Erziehung“ gegründet. Ich war gebeten, als Mitglied des Rates der EKD an einer Veranstaltung in Berlin teilzunehmen. Beim Ankommen warnte mich der Pressesprecher der EKD: ‚Das fängt mit der Bundespressekonferenz an, wusste ich vorher auch nicht.‘ Viel Ehr, viel Feind, kann ich nur sagen. Ich hatte überhaupt keine Vorstellung, in

Martin Schindehütte:

» Ein engagierter theologischer Vortrag in meiner damaligen Gemeinde, gemeinsames Tippen von Adressen für eine Friedenskampagne, die gemeinsame Gründung eines ökumenischen Netzwerkes für Gerechtigkeit, Frieden und Bewahrung der Schöpfung – das waren unsere ersten gemeinsamen Erfahrungen Anfang der 80er Jahre. Theologische Reflektion der Weltverantwortung, konkrete Aktionen und ökumenische Verknüpfung engagierter Christen und Kirchen, das waren Grundprinzipien der Arbeit von Margot Käßmann als Bischöfin. «

Auslandsbischof der EKD

was ich da geraten war. Die damalige Bundesfamilienministerin, Ursula von der Leyen (Bild links), stellte das Projekt vor, Kardinal Sterzinsky und ich sagten, dass wir das wunderbar fänden. Die Journalisten kochten. Was wollten die Kirchen da, was sei mit den anderen: Juden, Muslime, Atheisten – haben die denn keine Werte? Welch eine Exklusivität! Ein Journalist fragte mich, was ich denn meinte, an Werten in der Erziehung mitzugeben. Ich sagte, Gottvertrauen und die Zehn Gebote seien nach meiner Erfahrung nicht das schlechteste Geländer für Kinder. Da kam Heiterkeit auf. Mich hat das Gelächter verletzt."

Margot Käßmann war nicht nur verärgert über die Medienmacher, bei denen der Eindruck vorherrschte, dass alle Religionen der Welt einen besonderen Schutz brauchen, nur die christliche nicht; sie störte sich gleichermaßen an der Unwissenheit der Journalistinnen und Journalisten, wie sehr sich gerade die Kirchen für die Bildung und Erziehung von Kindern engagieren.

Margot Käßmann:
»Wir laden Schuld auf uns und sehen zu viel weg. Gewiss gibt es große Fremdenangst in Deutschland, aber das kann und darf weder die Politik noch Verbände und auch Kirchen nicht dazu verführen, Menschen in Not abzuweisen.«

Aus der Debatte zu Asylfragen

Sie war auch überrascht, wie die Zehn Gebote dadurch ins Lächerliche gezogen wurden. Sie hat nicht den Anspruch erhoben, die christlichen Werte seien für die Gesellschaft die einzig mögliche Lösung. Allerdings hat sie aus ihrer Überzeugung nie einen Hehl gemacht, dass sie ein gewichtiges Angebot zur Orientierung für unser Land darstellen. Und sie hat das wiederholt dargelegt, indem sie gezeigt hat, wie aktuell die Zehn Gebote sind: „Ich bin selbst davon überzeugt, dass die Zehn Gebote Lebensregeln für eine gute Welt sind. Sie sind eine konkrete Anleitung zum Leben und Handeln aus dem Glauben heraus."

Dort, wo sie den Eindruck hatte, dass die Grundüberzeugungen der Zehn Gebote systematisch verletzt werden, hat sie dagegen argumentiert, Kampagnen gestartet, Verbündete gesucht. So etwa bei der zunehmenden Aushöhlung des Sonntagsschutzes. „Ohne Sonntag gibt's nur Werktage", hieß eine Kampagne der rheinischen Kirche, die sie sofort für Hannover übernahm: „Die Abschaffung des Feiertags wird den gemeinsamen Rhythmus unserer Gesellschaft zerstören. Gerade Manager leiden un-

Ehrenamtlicher Dienst an Kranken ist ein besonderer

Wer krank ist, fühlt sich erniedrigt, weil er die eigene Situation nicht selbst bestimmen kann. Er oder sie ist dem System der Einrichtung unterworfen, das oft in seinen Abläufen allzu wenig Zeit hat für individuelle Wünsche oder Ängste. Wenn dann jemand da ist, der einfach eine Hand hält, die mir hilft, das zu tun, was mir wichtig ist, einen Brief schreiben etwa, dann ist das ein großer Segen.

Jesus sagt uns im Gleichnis, wo wir einen kranken Menschen besuchen, da besuchen wir ihn selbst. Nächstenliebe meint dabei keine Herablassung. Sie wird immer die Würde des anderen sehen.

In der Broschüre der Evangelische Krankenhaushilfe e.V (EKH) heißt es, es gehe um einen ehrenamtlichen Dienst, der Freude macht. Das vergessen wir allzu leicht. Es ist wesentlich leichter und auch schöner, zu geben, als nehmen zu müssen. Ich habe das ganz persönlich so erlebt, als ich im Krankenhaus lag.

ter dem Burn-out-Syndrom, es ist letzten Endes eine Zerstörung des Rhythmus von Arbeiten und Ruhen. Wenn die Gesellschaft diese besonderen Tage nicht mehr kennt, die Feiertage, an denen auch einmal all dieses Rennen und Besorgen und Schaffen ruht, dann wird sie eines Tage selbst einem kollektiven Burn-out-Syndrom unterliegen."

Beispiele ließen sich noch viele finden. Der Präsident der hannoverschen Landessynode, Jürgen Schneider, bescheinigte ihr zum Abschied, sie sei eine Meisterin des Agenda-Setting: Gelegentlich sei sie vorausgeeilt, „so spontan und so schnell, dass wir nicht immer alle recht mitkommen konnten." Es ist ihre Stärke, Themen zu erkennen, wo Menschenwürde und allgemeine Werte gefährdet sind. Und es gehörte zu ihrem Amt, dass sie schnell und gezielt handeln konnte – ohne allzu langes Abwägen eines Für und Widers, sei es aus Angst vor finanzieller Überforderung oder gar wegen der Befürchtung, es würden zu wenige personale Kräfte bereitstehen. Sie motivierte und überzeugte: mit Worten, mit Ideen und mit ihrer Person, weil sie sich hat „berühren" lassen – wie sie selbst immer sagte – und selbst überzeugt war. Dabei wechselten die Themen und die Fragen. Vielleicht hätte sie noch sehr viel mehr Sujets gefunden, denn die Menschen sind zu ihr gekommen und haben ihr ihre Geschichten erzählt. Doch die Themen, die sie aufgegriffen und mit ihren Teams umgesetzt hat, sind zahlreich, so dass Jürgen Schneider zu ihrem Abschied sagen konnte: „Es gibt nur noch wenige, die nicht wissen, dass Advent im Dezember ist, dass ein Ehrenamt mutig und uns stark macht und Laufen Sinn: ‚Mach nicht halt – lauf gegen Gewalt'... Du hast unserer, deiner Kirche ein Gesicht gegeben, ein frisches, junges, weibliches Gesicht. Lebendiger, kräftiger und schärfer ist das Profil geworden, auch weil du eine gute Predigerin bist."

Margot Käßmann:
»Wer Menschen geistlich begleitet, muss sich auch den Fragen der Sozialethik stellen. Wohl und Heil gehören zusammen. Frömmigkeit und Weltverantwortung sind untrennbar verknüpft.«

Darauf angewiesen zu sein, dass du bitten musst, das ist nicht leicht. Wer geben kann, ist auch beschenkt, weil der oder die andere dir dankbar sind. So sind wir im Geben und im Nehmen Teil eines Segenskreislaufes. Als die Gründerin der „Grünen Damen", Brigitte Schröder einmal von einer Firma auf die Bitte um eine großzügige Spende 200 Mark zugeschickt bekam, schrieb sie: „Wir sind vor Lachen fast vom Stuhl gefallen. Seltsam, denn eigentlich kann ja für jeden mal die Gelegenheit kommen, dass er glücklich ist, von uns betreut zu werden." Ich könnte es auch sein, die Zuwendung braucht. Deshalb werde ich mich, wenn ich stark bin, engagieren für die Schwachen, Teil einer Solidargemeinschaft sein. Beim Dienst am Krankenbett ist am Klarsten zu sehen, wie das Gewebe einer Gesellschaft durch ehrenamtliches Engagement zusammengehalten wird.

Margot Käßmann bei der Übernahme der Schirmherrschaft für die Evangelische Krankenhaushilfe e.V. „Grüne Damen" am 16. April 2009 in Hannover

Vorbild sein – Mit den Augen einer Studentin

Diana Schild, Journalistin

Wer heute als Theologie- und Religionswissenschaftsstudentin in einem Seminar über Martin Luther King sitzt, Stapel von Büchern vor sich liegen hat und die Lebensgeschichte dieses damals nicht einmal 40-Jährigen studiert, wird schnell erkennen: Er war nicht nur Vorbild für Christen und Bürgerrechtler. Sein Charisma und das Talent, die Menschen mit seinen Worten zu durchdringen, machten ihn auch zum „Feindbild“ vieler Rassisten und Staatsagenten. Das war ihm klar, jeden Tag. Er wusste, dass er, seine Frau und Kinder, in Gefahr waren. Aber dennoch ist der Visionär nicht von seinem Ziel abgewichen und war letztendlich bereit dafür zu sterben.

Beim Versuch, diese Situation nachzuvollziehen, stellt sich die Frage: War das nicht zu egoistisch und verantwortungslos gegenüber seiner Familie? Hat der Mann vergessen, dass er Vater von vier Kindern ist? Zugegeben, ich gehörte auch zu den Fragenden und möchte mir diesen kritischen Blick auf „Vorbilder“ gern bewahren. Aber gleichzeitig hatte ich das Glück, im Rahmen dieses Seminars dem tatsächlichen Geschehen von damals ein bisschen näher zu kommen: Drei Stunden lang saßen wir Professor Heinrich Grosse gegenüber. Er kannte King persönlich, war als Student selbst für ein paar Jahre bei der amerikanischen Bürgerrechtsbewegung dabei und hat nach Kings Tod seine Promotion über ihn geschrieben. Wir haben Antworten bekommen, die uns kein Fachbuch hätte geben können. Wir haben das Leuchten in den Augen des heute fast 70-jährigen Theologen gesehen, wenn er von seinen Erlebnissen sprach und er hat geweint, als er versuchte, uns die unendliche Willenskraft Kings im Kampf für die soziale Gerechtigkeit zu beschreiben. In diesem Moment herrschte Stille und dieser Moment gab jedem Zeit, sich bewusst zu machen, welch großes Vorbild gerade beschrieben wird. Der Menschenrechtskämpfer der Schwarzen war für Heinrich Grosse Vorbild, als er Mitte zwanzig war, und er ist es noch heute, wo der deutsche Theologieprofessor älter ist, als King es je werden durfte.

Auch für Margot Käßmann sind die Visionen und Wege des farbigen Baptistenpfarrers seit langem wegweisend für ihr eigenes Verständnis von Frieden und Gerechtigkeit. Das betont sie in Interviews, das wird in vielen Aussagen ihrer Buchtexte und Predigten deutlich: „Gott gibt die Kraft und die Kreativität, um die Ketten der Unterdrückung gewaltfrei zu durchbrechen", schreibt sie. Und beachtlich ist, dass sie in ihren Ämtern als Landesbischöfin und EKD-Ratsvorsitzende diese Haltung auch praktisch umsetzen wollte: Gewaltfrei Konflikte lösen – egal ob in der Familie, in politischen Angelegenheiten, international und vor allem interreligiös – lautete stets ihre Devise.

Margot Käßmann:
» Gott gibt die Kraft und die Kreativität, um die Ketten der Unterdrückung gewaltfrei zu durchbrechen. «

Jetzt denke ich darüber nach, ob es das ist, was Margot Käßmann zunehmend selbst zum Vorbild eines immer größer werdenden Publikums macht. Warum staunen Kinder mit offenem Mund, wenn sie ihnen erklärt, wie wichtig es ist, Träume im Leben zu haben? Warum will eine Mittfünfzigerin die Pastorin im Vorbeigehen unbedingt umarmen? Und was verleiht einer sehr alten Dame das Vertrauen, Margot Käßmann während einer Straßenbahnfahrt über sieben Haltestellen mal eben ihr ganzes Leben zu erzählen? Margot Käßmann wendet sich diesen Menschen zu und weiß, dass sie um diese Nähe und das Vertrauen der Menschen beneidet und gleichzeitig dafür oft scharf kritisiert wird.

„Wir haben als Ordinierte keinen Weihestatus, wir müssen nicht so tun, als seien wir über alles Menschliche erhabene Personen. Denn das sind wir wahrhaftig nicht." Daran liegt Margot Käßmann, wenn sie über die Frage des Vorbildes nachdenkt. Nach evangelischem Verständnis könne es in der Kirche keine Superstars geben, sagt die Frau, die auf dem Ökumenischen Kirchentag in München von den Medien als „Popstar" gefeiert wurde. Und

Landessynode, 2008

da kann man ihr nur zustimmen. Kein Mensch ist perfekt! Kein Popstar, kein Supermodel, kein Schauspieler, kein Uni-Professor, keine Oma, kein Politiker und auch kein Kirchenoberhaupt. Wie schockierend und bedrückend es sein kann, wenn man einen Menschen auf seine Leistungen, auf dessen scheinbar „reiches" Leben reduziert, hat uns 2009 der Suizid von Robert Enke gezeigt. Er wurde von der Öffentlichkeit und von vielen Fans für etwas gehalten, das er gar nicht war. Wie enttäuschend und verärgernd es für viele Gläubige und Vertreter der Kirche ist, wenn herauskommt, dass sich Ordinierte, denen man sich eigentlich anvertrauen sollte, mit Gewalt und sexuell an Kindern vergangen haben, mussten wir auch schon oft genug erfahren. In diesen Momenten zerspringt das Bild vom Vorbild in viele Scherben. Auch Margot Käßmann hat sich mit Alkohol am Steuer nicht glänzend verhalten. Als Mensch hat sie den Fehler eingestanden, hat sich entschuldigt. Als Kirchenoberhaupt und Bischöfin ist sie zurückgetreten, mit der Begründung, ihre Glaubwürdigkeit nicht zu verlieren. Von ihren Idealen und Zielen in der Gesellschaft hat sie sich aber nicht verabschiedet. Vielleicht ist es genau das, was die Menschen fasziniert und berührt. Die Pastorin, die nicht sagt: Das war´s mit meinen Ideen im Amt und nach mir die Sintflut. Sie zeigt viel mehr, dass sie sich von Gott berufen fühlt, weiter Verantwortung zu übernehmen, sich mit ihrer Meinung einzumischen.

Bleibt zu hoffen, dass der Personenkult sie nicht zum Übermenschen erhebt und niemand den Respekt gegenüber ihren privaten Entscheidungen verliert. Vor allem aber wünsche ich mir, dass sich besonders die junge Generation ein Beispiel nimmt, wie idealistisch und gleichzeitig realistisch Kirche und Glauben heute gelebt werden können und in Zukunft gelebt werden sollten.

Aus dem Hauptvortrag beim 2. Ökumenischen Kirchentag:

Kirche ist, so sagen wir im Apostolischen Glaubensbekenntnis, die Gemeinschaft der Heiligen. Da fangen ja der Spott und die Häme der öffentlichen Meinungsmacher an: Seht, so heilig sind die alle nicht! Das ist aber ein sehr profanes Missverständnis von Heiligkeit. „Schein-heilig" ist es, wenn Menschen meinen, fehlerfrei, absolut untadelig, bar jeden Makels zu sein. So ist kein Mensch und das widerspricht auch dem biblischen Menschenbild. Es ist Teil der Menschlichkeit, zu scheitern, Fehler zu begehen. Die Heiligen sind nach biblischem Verständnis diejenigen, die ihr Leben ganz und gar Gott anvertrauen. Die eben gerade wissen, dass sie nicht unfehlbar sind. Sie leben in einer Gemeinschaft, der Kirche. Und diese Gemeinschaft ist deshalb auch fehlbar, voller Mängel. Wenn wir im Apostolischen Glaubensbekenntnis bekennen, wir glauben an die heilige Kirche, dann wissen wir, dass die konkrete, erfahrbare Kirche eine Kirche ist, in der es fehlbare Menschen gibt oder wie Melanchthon es 1530 im achten Kapitel des Augsburger Bekenntnisses formuliert: „In diesem Leben gibt es unter den Frommen viele falsche Christen, Heuchler und auch offenkundige Sünder." Es gehört zur evangelischen Freiheit, das offen einzugestehen.

Margot Käßmann

KAPITEL 13

Alles hat seine Zeit

Es begann mit einem Zeitungsartikel der Hannoverschen Allgemeinen Zeitung Mitte Oktober: „Weihnachtsmarkt am Hauptbahnhof eröffnet". Ich war so empört, das vor Buß- und Bettag zu lesen, dass ich sofort einen Leserbrief schrieb – der einzige in meiner Amtszeit. Dieser Brief führte zu einer intensiven Diskussion. Mein Argument war: Der Einzelhandel darf gern am Weihnachtsgeschäft verdienen. Aber dann muss er auch die Inhalte respektieren. Und Ende November kommen nun erst einmal der Volkstrauertag, der Buß- und Bettag, der Totensonntag. Es muss doch auch eine „stille Zeit" geben in einem Land, in der wir zur Besinnung kommen, die Sterblichkeit als Gedanken zulassen. Und dann wird langsam, Schritt für Schritt ein Licht angezündet in der Dunkelheit, bis die Weihnachtsbäume strahlen, weil wir die Geburt des Gotteskindes feiern: Licht scheint in der Finsternis…

Im ersten Jahr der Kampagne, die Pressesprecherin Gabriele Arndt-Sandrock mit ihrem Team konsequent umsetzte, gingen wir mit Plakaten und Flyern unter anderem in eine Einkaufspassage. Sie war im November bereits prächtig geschmückt mit Engeln, Kerzen und Krippe. Ein Mann kam streng auf mich zu und sagte: „Hier dürfen sie kein Werbematerial verteilen!" Ich sagte: „Dann dürfen Sie auch nicht mit unseren Symbolen werben!". Es war der Beginn eines langen und intensiven Gesprächs mit Kaufleuten und Schaustellern der Weihnachtsmärkte und vielen Menschen. Inzwischen habe ich den Eindruck, dass sich der Gedanke durchsetzt: „Alles hat seine Zeit". Auch das Warten kann schön sein. Alles zu aller Zeit nimmt das Besondere, die Vorfreude, die Erwartung. Ich finde, das ist eine Bereicherung, weil alles gleich-gültig wird, wenn nichts mehr besonders ist.

Alle Jahre wieder?

Kurt Tucholsky:
» Feste pflegen sich lange zu halten – ihre Motive weniger «

Schöne Bescherung! Laut Umfragen kennt jeder zehnte Deutsche den Grund für das Weihnachtsfest nicht mehr und jeder Fünfte weiß nicht um den Hintergrund des christlichen Osterfestes. Videoclips von Befragungen auf der Straße sind im Internet beliebt und werden oft und gerne angeklickt. Zu amüsant scheinen die Antworten, die Passanten dort aus dem Stehgreif geben. „Ostern ist doch Gott in den Himmel gefahren… oder war das Jesus?“, zeugt dabei noch von einer vergleichsweise hohen Grundkenntnis über den Inhalt christlicher Feste. Andere feiern auch durchaus gerne mal die Geburt des Weihnachtsmannes, lassen die Heiligen Drei Könige in Anlehnung an eine Zahnpastawerbung Gold, Weihrauch und Minze an die Krippe bringen oder retten sich selbstbewusst mit dem Hinweis: „Da müssen Sie die Höheren fragen, das kann ich nicht wissen!“ aus der Heerschar der Ahnungslosen.

Angesichts der totalen Vermarktung von Osterhase, Weihnachtsmann und Vatertag scheint es nahe zu liegen, dass christliche Traditionen entstellt werden und immer mehr in den Bereich verwässerten Halbwissens abrutschen.

In Vergessenheit gerät, dass es einen kirchlichen Kalender gibt, der einen heilsamen Rhythmus vorgeben kann. „Das Kirchenjahr mit seinen verschiedenen Festen gibt den oft ins Unbewusste abgeschobenen Gedanken und Gefühlen, Bildern und Vorstellungen die Möglichkeit, sich auszudrücken, sich darzustellen. Es führt uns Bilder und Symbole vor Augen, die den unbewussten Bildern und Inhalten unserer Träume entsprechen. Wenn es zur Sprache kommen darf, dann kann es seine heilsame Wirkung auf uns entfalten, dann verleiht es uns neue Kräfte und inneres Gleichgewicht. Die Bilder und Symbole führen uns vor Augen, wer wir wirklich sind“, schreibt Pater Anselm Grün.

Alles hat seine Zeit

Ein jegliches hat seine Zeit, und alles Vornehmen unter dem Himmel hat seine Stunde.
Geboren werden hat seine Zeit, sterben hat seine Zeit;
pflanzen hat seine Zeit, ausreißen, was gepflanzt ist, hat seine Zeit;
töten hat seine Zeit, heilen hat seine Zeit;
abbrechen hat seine Zeit, bauen hat seine Zeit;
weinen hat seine Zeit, lachen hat seine Zeit;
klagen hat seine Zeit, tanzen hat seine Zeit;
Steine wegwerfen hat seine Zeit, Steine sammeln hat seine Zeit;
herzen hat seine Zeit, aufhören zu herzen hat seine Zeit;
suchen hat seine Zeit, verlieren hat seine Zeit;
behalten hat seine Zeit, wegwerfen hat seine Zeit;
zerreißen hat seine Zeit, zunähen hat seine Zeit;
schweigen hat seine Zeit, reden hat seine Zeit;
lieben hat seine Zeit, hassen hat seine Zeit;
Streit hat seine Zeit, Friede hat seine Zeit.

Prediger 3,1-8

Seit Mitte des 8. Jahrhunderts beginnt der Jahreskreis kirchlicher Feste mit dem 1. Advent. An den ihm folgenden Festtagen bis zu Christi Himmelfahrt nehmen wir Anteil am Leben, am Reden, am Handeln Jesu, an seinem Sterben und Auferstehen. Dabei wurden viele heidnische Feste von Christinnen und Christen aufgenommen und christlich gedeutet, was durchaus auch als Schachzug gegenüber den ursprünglichen Riten und Gebräuchen verstanden werden kann.

Wie das Jahr mit seinen vier Jahreszeiten kann auch das Kirchenjahr als Sinnbild des menschlichen Lebens von der Geburt bis zum Tod gedeutet werden. Mit dem Advent beginnt das Kirchenjahr. In der Regel sind es vier Wochen Zeit, um sich innerlich auf das Weihnachtsfest, die Feier der Menschwerdung Gottes vorzubereiten. Früher galt die Adventszeit als Fastenzeit, liturgisch erkennbar an den violetten Antependien der Fastenzeit. Die vielfältigen Symbole und Rituale der Weihnachtszeit sprechen vom Leben und der Liebe Gottes, die in der Geburt Jesu zum Ausdruck kommt, und sie verbinden die Menschen zu einer weltweiten Gemeinschaft. Das Fest gibt Hoffnung, dass aus dem Kleinsten und Unscheinbarsten Segensvolles für das Leben wachsen kann.

Mit Aschermittwoch beginnt die vierzigtägige Fastenzeit vor Ostern, die heute in vielen christlichen Gemeinden mit Anregungen aus der Fastenaktion „Sieben Wochen ohne“ gestaltet wird. Leiden und Sterben, Kargheit und Verzicht ernst zu nehmen lehrt diese Zeit. Wie schwer es fällt, in der Tiefe der Grabeshöhle auszuhalten, den Karfreitag auch Karfreitag sein zu lassen, Hoffnungslosigkeit zu ertragen, ohne automatisch auf die bestimmt bald anbrechenden besseren Zeiten hinzuweisen, zeigt so manche Predigt, die an Karfreitag schon auf den Ostersonntag hinweist. Doch die Stille Woche hat ihren Sinn, die verhängten Altäre und das Schweigen der Glocken bilden erst den Resonanzraum für die Osterfreude, die mit dem Ostersonntag den Sieg über jeden Tod feiert und die Auferstehung nicht nur nach dem Tod, sondern auch mitten im Leben die Auferstehung aus Niederlagen glauben lässt.

Mit Pfingsten beginnt fünfzig Tage nach Ostern die zweite Hälfte des Kirchenjahres, die sich bis zum Erntedankfest dem Glauben und dem Leben der Christinnen und Christen widmet. Pfingsten feiert die Ausgießung des Heiligen Geistes, der anfeuern will, geistreich das Leben zu gestalten.

Nach vielen sommerlichen Sonntagen nach dem Trinitatisfest gibt dann das Erntedankfest nicht nur in ländlichen Gegenden Gelegenheit zum Dank für die Ernte des Jahres und das tägliche Brot, das vielfältige Form haben kann im Leben.

Der Reformationstag schließlich erinnert an die 95 Thesen Martin Luthers und seine zentrale Erkenntnis, dass Rechtfertigung des Sünders allein aus Glauben und nicht durch eigene Werke geschieht.

Zum langsam nahenden Ende des Kirchenjahres bietet der durch politische Entscheidungen langsam im

NDR-Fernsehgottesdienst mit der Leipziger Band „Die Prinzen", 2009

Alles hat seine Zeit

Es gibt kein Entrinnen. Mit Ärger habe ich die ersten Lebkuchenherzen in einem Supermarkt Anfang September quittiert. Es war ein heißer Tag. Deshalb ging ich im Sommerkleid auf der Suche nach Sonnenmilch zu einer Drogeriekette und sah mich mit einem Regal voller Weihnachtsmänner konfrontiert. Was tun? Lachen? Sich ärgern? Ich habe mich entschlossen, diesen Blödsinn zu ignorieren und daran zu denken, wie abgestanden diese Schokolade wohl in der Adventszeit schmecken wird. Jetzt ist Herbst, es ist 15 Grad warm, ich brauche noch keine Winterjacke und freue mich an den bunten Blättern, an Apfel- und Pflaumenkuchen. Volkstrauertag wird erst noch kommen, Buß- und Bettag, Totensonntag und dann beginnt Advent!

Christliche Traditionen werden einfach über den Haufen geworfen oder gnadenlos vermarktet. Respekt vor den religiösen Gefühlen oder allein den religiösen Traditionen des Christentums gibt es offensichtlich nicht. Der Advent war einmal eine Fastenzeit, eine Zeit der Vorbereitung auf die Ankunft Gottes in unserer Welt. Vor dieser Fastenzeit liegt am Ende des Kirchenjahres die Auseinandersetzung mit Leiden, Sterben und Tod. Das hält offenbar keiner mehr aus. Die Fragen nach dem Lebensende, die wollen wir am liebsten überspringen in der Spaßgesellschaft, da geht es von der Sommer-Grillparty direkt zum Glühwein samt Adventshappening. Christ sein – das ist kein Blödsinn und kein Muff von gestern, sondern aktuelle Lebenszusage. Es geht um unseren Glauben, der uns trägt zu allen Zeiten, in guten und schlechten, am 11. September und am Hochzeitstag, in Zeiten der Krankheit und an Weihnachten. Weil Gott etwas weiß vom Leiden und Sterben wie vom Feiern und sich Freuen. Freuen wir uns auf Advent. Aber nehmen wir das Warten ernst.

Advent ist im Dezember. Alles hat seine Zeit. Amen.

Margot Käßmann, aus der Predigt am Reformationstag 2001

Alltag versinkende Buß- und Bettag die Möglichkeit der Ruhe und Rückbesinnung auf die Verantwortung für das eigene Leben und die Gesellschaft, die mit Gottes Hilfe übernommen werden kann.

Der Kreis des Kirchenjahres, das mit der Erwartung der Geburt begonnen hat, schließt sich mit dem Ewigkeitssonntag, der den Verstorbenen gehört und der auch dem Nachdenken über die eigene Vergänglichkeit Raum gibt. Texte und Lesungen in den Gottesdiensten sind während des Jahres entsprechend ausgewählt, liturgische Farben an den Kanzeln und Altären vertiefen die Symbolik der Festtage.

Die lutherischen Theologen Susanne Breit-Kessler und Norbert Dennerlein sprechen in ihrem Buch „Stay wild statt Burn-out" von dem Kirchenjahr als hilfreichem Netz, das hilft, die Lebensjahre zu strukturieren. „Feste und Feiern unterbrechen den steten, gleichförmigen Lauf der Zeit. Sie gliedern den persönlichen und gemeinsamen Lebensvollzug. Zugleich weisen Feste und Feiern über den Alltag hinaus. Sie vergegenwärtigen Erfahrungen aus Urzeiten und erinnern regelmäßig an Ereignisse der Vergangenheit, die für den Einzelnen oder eine Gemeinschaft von besonderer Bedeutung sind. Feste und Feiern dienen dazu, die alltägliche Wirklichkeit vorübergehend aufzuheben. Das Kirchenjahr hilft, den

Auferstehung

Manchmal stehen wir auf,
Stehen zur Auferstehung auf
Mitten am Tage
Mit unserem lebendigen Haar
Mit unserer atmenden Haut.
Nur das Gewohnte ist um uns.
Keine Fata Morgana von Palmen
Mit weidenden Löwen
Und sanften Wölfen.
Die Weckuhren hören nicht auf zu ticken
Ihre Leuchtzeiger löschen nicht aus.
Und dennoch leicht
Und dennoch unverwundbar
Geordnet in geheimnisvolle Ordnung
Vorweggenommen in ein Haus aus Licht.

Marie Luise Kaschnitz

Protest mit Mitarbeitern des Landeskirchenamtes in Hannovers Innenstadt, 2001

eigenen Rhythmus zu finden und im Gleichgewicht zu leben." Um diesem Rhythmus, den ein Kirchenjahr für jeden und jede persönlich bieten kann, an einem konkreten Punkt wieder mehr Aufmerksamkeit zu schenken, startet die hannoversche Landeskirche 2001 die Kampagne „Advent ist im Dezember", die sich mittlerweile bundesweit etabliert hat. Landesbischöfin Margot Käßmann berichtet im ersten Jahr dazu vor der Landessynode: „Es wurden Gespräche mit dem Oberbürgermeister der Stadt Hannover geführt, im Juni Gespräche mit den Schaustellerverbänden Niedersachsens, den Vertretern des Deutschen Städtetages in Niedersachsen, Vertretern des Einzelhandelsverbandes und anderen. In all diesen Gesprächen wurde deutlich, dass die Vorverlegung des Advent eine Art ‚circulus vitiosus' ist. Weil die Kaufhäuser mit ihren Weihnachtsmärkten zu früh beginnen, sind die Schaustellerverbände im Zugzwang, muss der Einzelhandel folgen! Alles in allem wird aber

Muriel Barbery:

» Man muss seine Identität als Erwachsener ständig neu aufbauen, dieses wacklige und vergängliche und so zerbrechliche Gefüge, das die Verzweiflung umhüllt und das sich vor dem Spiegel die Lüge erzählt, an die man glauben will. «

Aus „Die Eleganz des Igels"

immer wieder betont: Es sind die Konsumentinnen und Konsumenten, die den frühen Beginn der Adventszeit verlangen.

Also haben wir eine Kampagne gestartet unter dem Motto: ‚Alles hat seine Zeit – Advent ist im Dezember.' Sie hatte ihren Auftakt am Reformationstag. Die Hälfte aller Superintendenturen hat Material angefordert, insgesamt mehr als 60.000 Flyer, Plakate und Booklets wurden verschickt. Ich habe den Eindruck, die Kampagne hat viele nachdenklich gemacht mit Blick auf die Bedeutung von und die eigene Haltung zum Advent. Sie hat einige Effekte gezeitigt, etwa, dass kein einziger Adventsmarkt in Hannovers Straßen vor dem Ewigkeitssonntag eröffnet wurde. Einen letzten Höhepunkt hatte sie am vergangenen Donnerstag, als Mitarbeiterinnen und Mitarbeiter aus dem Landeskirchenamt mit Sandwich-Plakaten mit mir durch die Innenstadt gegangen sind und trotz strömenden Regens fröhlich für unsere Sache geworben haben. Eine Neubesinnung auf den Advent – für viele hat die Kampagne hierzu sicher Gelegenheit gegeben."

Aufruf:

»Gemeinsam erinnern wir an die Besonderheit der Adventszeit und rufen dazu auf, die vorweihnachtlichen Traditionen wieder neu zu entdecken und mit Leben zu füllen. Wir hoffen, dass sich die Menschen Zeit nehmen für den Advent und ihn in angemessener Weise begehen. Es ist im Interesse aller, wenn die jahreszeitlichen Feste und Veranstaltungen ihren unverwechselbaren Charakter behalten. Alle Verbände weisen ihre Mitglieder ausdrücklich auf diesen Aufruf hin und bitten um regionale Unterstützung.«

Gemeinsame Erklärung:
Die Kirchen, der Deutsche Städte- und Gemeindebund, der Hauptverband des Deutschen Einzelhandels, der Deutsche Schaustellerbund, der Bundesverband Deutscher Schausteller und Marktkaufleute und der Verbraucherzentrale Bundesverband, zum Schutz des Advents, unterzeichnet am 9. November 2005

KAPITEL 14

Kultur und Kirche – Ein fruchtbarer Dialog

In einer Bremer Kirche führte ein Regisseur ein Stück auf, in dem nackte alte Frauen auftraten. Ich wurde um Stellungnahme gebeten. Spontan habe ich gesagt, es sei ein Missbrauch des Kirchenraumes, wenn er nur um der Provokation willen genützt werde. Das hat mir eine heftige Debatte eingebracht! Ist die Kirche kulturfeindlich? Nein, ist sie nicht. Theater in der Kirche findet bei jedem Krippenspiel statt. Kultur in der Kirche zeigt jedes Bachkonzert, jede Ausstellung, jede Gospelkirche. Wir haben „Godspell“ auf Tournee gebracht in niedersächsischen Kirchen mit Hilfe der Hanns-Lilje-Stiftung, das Theaterstück „Die göttliche Odette“ und verschiedenste Ausstellungen.

Ein spannendes neues Verhältnis entsteht da. Ich schätze die Freiheit der Kunst hoch. Der Gedanke der Freiheit ist uns als Kirchen der Reformation wichtig. Und Kunstwerke weisen in ihrer Darstellung oft zu den existenziellen, ja religiösen Fragen der Menschen: Woher komme ich? Wohin gehe ich? So ist die Kunst der Religion manches Mal nahe. Umso wichtiger ist ein Dialog zwischen Kunst und Kirche, damit wir aus den Sackgassen kommen, in denen Kunst den Glauben mit Häme überzieht oder Kirche die Kunst zu ihrer Magd machen will. Schöpfung, Kreativität entsteht ja gerade aus einem dynamischen Diskurs, bei dem es Nähe und damit auch Reibung gibt.

Gerade die abstrakte Kunst fordert unsere Fähigkeit zum Dialog und eröffnet neue Dimensionen der Spiritualität. Dieses Wahrnehmen des Glaubens mit allen Sinnen, von dem der Begriff Spiritualität ja spricht, ist Teil kultureller Gestaltung. Ich finde es großartig, dass beispielsweise ein so renommierter Künstler wie Gerhard Richter für die Ausgestaltung eines Fensters im Kölner Dom gewonnen werden konnte.

Der andere Blickwinkel

Ein roter iPod liegt auf dem Tisch im Großraumwaggon der Deutschen Bundesbahn. In sich versunken hört Margot Käßmann Musik auf dem Rückweg von irgendeinem Vortrag. Kurze Phase der Entspannung. Xavier Naidoo schmeichelt sich in ihr Ohr: „Es war nur ein kleiner Augenblick. Einen Moment war ich nicht da. Danach ging ich einen kleinen Schritt und dann wurde es mir klar." Gleich wird sie die Akten herausholen und sich Briefen zuwenden – Briefen voller Fragen, von Menschen, die sich bei ihr Rat holen wollen. Sie wird entscheiden, wer welche Antwort bekommt und wer – sie unterstützend – Entwürfe für eine Antwort machen kann. Menschen begegnen ihr täglich: am Rand ihrer Vorträge, bei Terminen und eben auch in schriftlicher Form, Menschen, die ihr einen Eindruck vom Leben verschaffen. „Manche treten dich. Manche lieben dich. Manche geben sich für dich auf. Manche segnen dich. Setz dein Segel nicht, wenn der Wind das Meer aufbraust", singt Xavier Naidoo.

Tobias Glawion:

» Frei nach Herbert Grönemeyer mag sie nicht ausschließlich „Musik, nur wenn sie laut ist". Und doch: Hits mit Tiefgang von Xavier Naidoo, Sarah Brendel, Beatbetrieb begleiten sie beim Joggen genau so wie Gassenhauer vom Schlagerkönig Udo Jürgens. Der iPod von der „Bischöfin der Herzen" hört sich an wie ein Konzert der Gefühle aus tiefster Seele. «

Chefredakteur des Evangelischen Kirchenfunks Niedersachsen (ekn)

Es ist nicht nur der Mannheimer, der in stilleren Stunden ihr Leben musikalisch begleitet. An ihrem 49. Geburtstag hat sie Freundinnen und Freunde eingeladen, mit ihr in die AWD-Arena zu gehen. Nicht ihr zu Ehren, aber zufällig an diesem Tag spielte dort Herbert Grönemeyer: „Ein Stück vom Himmel, ein Platz von Gott, ein Stuhl im Orbit, wir sitzen alle in einem Boot! Hier ist dein Haus, hier ist was zählt. Du bist überdacht von einer grandiosen Welt." Und dann darf Musik eben auch mal laut sein. Es muss doch nicht immer Pop und Rock sein, Soul und Rhythm 'n' Beat – da gibt es auch das Orgelkonzert in der Hannover Marktkirche oder eine Bachkantate oder Konzerte des Mädchenchors Hannovers, in dem eine ihrer Töchter singt.

Musik braucht Zeit – auch in einem Terminkalender, der voller Einträge ist, aber Musik hilft zum Leben. Auch wenn es dann in dunklen Stunden mal die einfache Hymne an das Leben ist, wie sie abends auch in den Diskotheken und Kneipen zum euphorischen Mitsingen gespielt wird: „Du weißt, ich liebe das Leben". Musik bedeutet Vielfalt und wenn dann der Überraschungsgast bei ihrem zehnjährigen Jubiläum als Landesbischöfin, Dieter Falk, plötzlich von seinen bezaubernden Interpretationen der Hits von Paul Gerhardt auf „Bolle reiste jüngst zu Pfingsten" umschwenkt, kann auch Margot Käßmann begeistert mitklatschen.

Musik ist der Protestantin am nächsten wie vielen, die in der Kirche leben, die nachhaltig von dem Barockdichter Paul Gerhardt und dem Barockkomponisten Johann Sebastian Bach geprägt ist. Musik ist jederzeit verfügbar und braucht nicht zwingend die Zeitspanne, die ein Besuch im Kino oder im Theater und selbst ein Gang ins Museum – und dabei liegen zwei sozusagen grenznah zur Bischöfinnenkanzlei – benötigen. Aber Kultur ist umfassender und eine größere Herausforderung – prägt das Leben auch in der Kirche. Wie sie selbst in einem ihrer Bischöfinnenberichte feststellt und dazu den Titel einer Veröffentlichung des Deutschen Kulturrats als Slogan übernimmt: „Die Kirchen, die unbekannte kulturpolitische Macht": 1030 evangelische Büchereien, mehr als eine halbe Million Menschen, die sich kirchenmusikalisch engagieren und die im ersten Jahrzehnt des 21. Jahrhunderts sich neu etablierenden Kulturkirchen hebt sie als Beispiele hervor. Sie sieht, dass gerade im kulturellen Schaffen, theologisch eine eigene Dimension, aber auch eine Gefahr steckt: „Zu Gottes Ebenbild ist der Mensch geschaffen, er kann also wie Gott selbst schaffen, gestalten. Wenn wir künstlerisch tätig sind, dann ist das immer kreativ, creatio, Schöpfung, Neuschöpfung. Der Mensch, so wie Gott ihn geschaffen hat, ist ein Wesen, das darauf drängt, darzustellen. Kunst und Kultur, das Schaffen und Denken unterscheiden den Menschen fundamental von allen anderen Lebewesen. Sie geben ihm eine eigene Würde. Die Gottebenbildlichkeit ist dafür von entscheidender Bedeutung. Sie lässt den

Kulturelle Ausdrucksformen des Glaubens

„Der evangelische Glauben geht in seinen kulturellen Ausdrucksformen stets über die Gemeinschaft der Glaubenden hinaus. Sakrale Gebäude verkörpern sichtbar als markante topographische Zeichen die kulturelle Gestaltungskraft des Protestantismus. Kunst, Musik und Diskussionsforen an diesen ‚heiligen Orten' sind explizite kulturelle Ausdrucksformen des Glaubens. Sie bedürfen vielfach der Vermittlung, um in ihrer Bedeutung verstanden zu werden. […] Das Christentum als „Seele des kulturellen Gedächtnisses" gewährleistet gerade im Hinblick auf Pluralität, Interreligiosität und kulturelle Vielfalt die positionelle Kommunikation über Sinn- und Wahrheitsfragen, bietet Deutungsmuster und Orientierung über das Zusammenleben und ermöglicht Standpunktbezogenheit und Unterscheidung. Der evangelische Glauben in seinen kulturellen Ausdrucksformen Musik, Kunst und Wissenschaft trägt so in sich zugleich ein innovatives, auf Veränderung drängendes Potential."

Aus dem Aktenstück 98 der hannoverschen Landessynode

Menschen allerdings fatalerweise auch so manches Mal meinen, er selbst sei Gott."

Und sie steht ein für die Freiheit der Kunst: „Der Gedanke der Freiheit ist uns wichtig als Kirchen der Reformation. Und doch sind Kunstwerke in ihrer Darstellung oft an den existentiellen Fragen der Menschen: Woher komme ich? Wohin gehe ich? So ist die Kunst der Religion manches Mal nahe. Umso wichtiger ist ein Dialog zwischen Kunst und Kirche, damit wir aus den Sackgassen kommen, in denen Kunst den Glauben mit Häme überzieht oder Kirche, die Kunst zu ihrer Magd machen will. Creatio, Schöpfung, Kreativität entsteht ja gerade aus einem dynamischen Diskurs, bei dem es Nähe und damit auch Reibung gibt."

Lars Ole Walburg:
» Wenn Inszenierungen oder Karikaturen auf religiösen Gefühlen rumtrampeln, hat das nichts mit Freiheit der Kunst zu tun. «

Intendant des Schauspielhauses Hannover

Margot Käßmann
» Aber eine Religion muss diskussionsfähig sein. Und da werde ich für die Freiheit des Theaters und der Kunst eintreten. «

Sie erwartet in dieser Freiheit auch Respekt. In der Debatte um die Inszenierung der „Zehn Gebote" von Johann Kresnik in der Bremer Friedenskirche sieht sie diesen Respekt verletzt – gegenüber der Tageszeitung „Die Welt" äußert sie sich kritisch: „Der kirchliche Raum muss doch ein Raum eigener Würde sein, auch wenn er nach evangelischer Auffassung kein heiliger Raum ist. Ich erwarte gegenüber einer Kirche denselben Respekt wie gegenüber einer Moschee oder einer Synagoge. Wir Protestanten müssen uns generell stärker mit dem kirchlichen Raum befassen. Warum sollen wir nicht kritisch hinterfragen, was in ihm geschieht? Ich sehe hier Diskussionsbedarf, weit über den Fall Bremen hinaus. Wenn wir ernsthaft über einen neuen Zugang zu unseren Gotteshäusern diskutieren, müssen wir uns auch der Frage stellen: Welchen Schutz brauchen diese Räume? Es ist hier eben nicht alles möglich. Der Raum Kirche ist für gottesdienstliche Feier, Verkündigung, Abendmahlsgemeinschaft geschaffen. Das ist seine allererste Bestimmung!" Vorausgegangen war eine öffentliche Debatte, warum das von dem österreichischen Regisseur inszenierte Stück nicht im Bremer Dom aufgeführt werden darf: „Sechs nackte Frauen an Nähmaschinen, ein auf ein Auto einschlagender Günther Kaufmann, viele böse Worte, und das im altehrwürdigen Bremer Dom!" So schrieb damals das Wochenmagazin „Stern".

Margot Käßmann und Lars Ole Walburg, Intendant des Schauspielhauses Hannover (rechts)

In ihrem letzten öffentlichen Auftritt als Landesbischöfin und Ratsvorsitzende hat Margot Käßmann erläutert, wo für sie die Grenze liegt. Im Gespräch mit dem neuen Intendanten am Schauspielhaus in Hannover, Lars Ole Walburg, in der Talkreihe „12 Orte – 12 Gespräche – Alles Theater" macht sie deutlich, dass Kirchengebäude nicht der Raum der reinen kulturellen Provokation sein dürfen: „Das finde ich schwierig, weil die Kirche dann als Raum missbraucht wird, wenn sie nur für den letzten Tabubruch genutzt wird." Sie fordert den Respekt vor dem Raum, in dem Menschen beten, Kinder getauft und Verstorbene zur letzten Ruhe aufgebahrt werden. Und der Intendant, der gleich in seiner ersten Spielzeit an der Leine bundesweit Beachtung gefunden hat, stimmt ihr zu: Im Theater solle gelogen werden, dass sich die Balken

Aus dem Theaterstück „Die göttliche Odette", 2007

biegen, „aber bitte in der Kirche nicht." Er will dort keine Show haben und hat doch vor Jahren Goethes Faust in einer Kirche in Basel inszeniert.

Kultur und Religion verbindet die Suche nach Antworten auf Fragen, die immer auch nach dem Sinn des Lebens forschen. Das fordert zum Dialog heraus – und dies in jeder Facette des kulturellen Lebens. Letztendlich sind Christen dabei überzeugt, dass sie die Antwort auf die Frage haben, die Udo Lindenberg in seinem „Interview mit Gott" stellt: „Gleich nach dem Werbeblock mach ich das Interview mit Gott. Gleich nach dem Werbespot: der liebe Gott – seine Herrlichkeit zur besten Sendezeit. Einschaltquote: 100 Prozent." Durch die Umsetzung als Kunst bekommen Fragen eine andere Dimension: „Fragen, die nie ein Mensch gestellt, ich spreche mit ihm über ihn und die Welt."

Und das sind letztendlich die Fragen, auf die alle kulturelle menschliche Schaffenskraft nicht antwor-

Petra Bahr:

» Bonhoeffer sagt: ‚Kultur ist ein Spielraum der Freiheit.´ Das kann aufregend sein. Da gibt es auch mal ein Foul. Aber in den Grenzen des Spielfeldes ist vieles möglich. Provokationen zerstören aber die Spielfreude. «

Kulturbeauftragte des Rates der EKD

ten kann, sondern allein der Glaube. Das weiß Margot Käßmann: „So sehr der Glaube aus dem Hören kommt, so sehr ist er doch ein Geschehen, das alle Sinne einbezieht: das Fühlen und Tasten, das Spüren und Sehen und auch Riechen. Glaube ist ein Geschehen, das den ganzen Menschen beansprucht. Glaube ist sozusagen ein Gesamtkunstwerk. Nein, kein Kunstwerk, ein Gesamtgeschehen, eine Grundhaltung, die unser ganzes Leben bestimmt. Wir nehmen diese Welt und Wirklichkeit anders wahr aus der Perspektive des Glaubens. Wir sehen sie als Gottes Welt, wir erkennen, dass Gottes Kraft schon hier und jetzt wirkt. Mitten in aller Bedrängnis, Frage, Hoffnungslosigkeit sehen wir eine Spur des Reiches Gottes. Das verändert den Blickwinkel."

Julia Helmke:
» Kunst bewegt, regt an, regt auf, lässt fragen, zweifeln und staunen. Kunst ist ein Loblied schöpferischer Kraft und vermittelt eine Ahnung von den Abgründen und der bleibenden Hoffnung von uns Menschen. Kunst macht sichtbar. Sie ist darin zutiefst dem Glauben verwandt. «

Leitende Fachreferentin für Kunst und Kultur der Landeskirche Hannovers

KAPITEL 15

Ökumene – Vision um der Welt willen

Als ich 1983 in Vancouver ankam, war mein erstes theologisches Examen sieben Tage alt. Und gleich zu Anfang dachte ich: all das kam gar nicht vor! Staunend hatte ich meine ersten Begegnungen mit der Orthodoxie. Ein Theologe aus dem Pazifik dozierte über die „Theologie der Kokosnuss". Die Lima-Liturgie wurde gefeiert. Mich hat dieser Gedanke der oikumene, des ganzen bewohnten Erdkreises sofort begeistert. Du kannst mit dem Erzbischof von Canterbury, einer Hausfrau aus dem Libanon und einem Ingenieur aus Indonesien in einer Kleingruppe sitzen und über deinen Glauben sprechen. Ein riesiges Zelt mit viertausend Menschen aus allen Konfessionen und Nationen betet gemeinsam das Vaterunser. Alan Boesak aus Südafrika hielt eine bewegende Rede darüber, dass die Friedensfrage nicht benutzt werden dürfe, um der Frage der Gerechtigkeit aus dem Wege zu gehen. Zum ersten Mal begegnete ich Dorothee Sölle, von der EKD als Rednerin nicht erwünscht, vom ÖRK eingeladen. Und Philipp Potter, der Generalsekretär aus Jamaika, sprach von der Kirche als einem „Haus der lebendigen Steine" in Anlehnung an den ersten Petrusbrief.

Überraschend wurde ich in den Zentralausschuss gewählt. Es war jugendlicher Enthusiasmus, sich genau hier zu engagieren, an der Schnittstelle von Kirche und Welt. Die Kirchen der Welt als Ort, an dem Visionen von Erneuerung, Veränderung, Menschenrechten und Abrüstung ihren Platz haben. Das hat mich fasziniert. In diese Vorstellung habe ich in den kommenden Jahren im Zentralausschuss, im Exekutivausschuss des ÖRK, später im Zentralausschuss der Konferenz Europäischer Kirchen viel Zeit und Kraft investiert. Ich durfte viele Länder bereisen, viele Formen des Kirche-Seins entdecken. Das hat meinen Horizont ungeheuer erweitert und dafür bin ich meiner Kirche dankbar.

Theologie der Freundschaft

„It's Margot with the baby". So haben manche Delegierten auf der ökumenischen Vollversammlung im Juli 1983 in Vancouver den Namen „Käßmann" auf dem Wahlvorschlag für den Zentralausschuss übersetzt. Um überhaupt für dieses Gremium kandidieren zu können, erfüllte die 25-Jährige drei Voraussetzungen: jung, weiblich und (noch) nicht ordiniert. Und sie kandidierte gegen den Rat vieler in der deutschen Delegation, zu der sie gehörte, vielleicht war sie denen zu jung und zu weiblich. Gewählt wurde sie trotzdem – oder deswegen. Vielfach wurde dies unter der Überschrift „Sie gewann eine Kampfabstimmung" erzählt. Und sie selbst hat immer wieder berichtet, wie einer der anderen Vertreter der EKD ihr erklärte, „er könne mir zu dieser Wahl nicht gratulieren, da ich keinerlei Verbindungen hätte und nichts von den Erfahrungen, die ich machen würde, in Deutschland weitervermitteln könnte."

Margot Käßmann:
» Auf jeden Fall können wir in den Kirchen kleine Schritte daransetzen, dass wenigstens in Nuancen sichtbar wird, was es bedeuten könnte, ein Europa der Gerechtigkeit, des Friedens und der Schöpfungsbewahrung zu sein. «

Begonnen hatte die Geschichte zwei Jahre zuvor. An einem Samstag im September kaufte sich das Ehepaar Käßmann einen Fernseher und als sie nach Hause kamen, erwarteten sie zwei Nachrichten, die ihr Leben veränderten: Der am frühen Morgen gemachte Schwangerschaftstest war positiv und im Briefkasten lag ein Brief aus dem Kirchenamt der EKD: Margot Käßmann sei als Delegierte der EKD für die 6. Vollversammlung des Ökumenischen Rates der Kirchen benannt worden. Damit stellte sich zum ersten Mal die Frage, die dann immer wieder gestellt wurde: Kann eine Mutter dieser wichtigen kirchlichen Aufgabe gerecht werden? Margot Käßmann hat damals für sich ja gesagt und später immer wieder: bei der Berufung als Generalsekretärin des Deutschen Evangelischen Kirchentags und bei der Wahl zur Bischöfin der größten Landeskirche in Deutschland – da waren es dann schon vier Töchter.

Margot Käßmann:
» In Luthers Theologie, seinem theologischen Ringen, ist die Ermöglichung ökumenischen Gespräches, ja die Wiederentdeckung des Abendmahls als Bindeglied statt Trennungsfaktor der Kirchen verankert. «

Und mit dem historischen Irrtum des EKD-Delegierten kann auch gleich aufgeräumt werden: Es gibt wenige Menschen, die so viel über die ökumenische Bewegung nach Deutschland vermittelt haben, wie die damals als so unerfahren geltende Theologin, die gerade ihr erstes theologisches Examen überstanden hatte. Um sich parallel zum Examen auch auf Vancouver vorzubereiten, hat sie – einem Rat des späteren Berliner Bischofs Wolfgang Huber folgend – Ökumene zu ihrem Schwerpunktthema gemacht und danach bei Konrad Raiser, dem späteren Generalsekretär des ÖRK, promoviert. Doch angesichts der Reaktion in der EKD-Delegation habe sie auch Angst vor der eigenen Courage gehabt, schreibt sie: „Manche Tränen sind geflossen damals und doch gab es auch einen gewissen Trotz in mir: warum denn eigentlich nicht?"

Das mit dem Trotz ist geblieben. Zumindest kann dieser Eindruck entstehen, als sie 19 Jahre später aus dem Zentralausschuss zurücktrat. Nuancen einer „enttäuschten Liebe" trage dieser Schritt, gestand sie ein, „aber der Beweggrund war inhaltlicher, theologischer Natur: Ich sehe in dem Dokument nicht vorwärts weichende Perspektiven, sondern ängstliche Abgrenzung voneinander." Gemeint ist der im Spätsommer 2002 verabschiedete „Bericht der Sonderkommission zur Mitarbeit der Orthodoxie in Deutschland". Es mag einer der unerklärlich ironischen Zufälle des Lebens sein, dass der damalige Auslandsbischof der EKD, Bischof Rolf Koppe, Ko-Vorsitzender dieser Sonderkommission war. Doch daraus kann auf keine seit 1983 währende Konfrontation zwischen der EKD und ihrer Vertreterin in ökumenischen Leitungsgremien geschlossen werden. Margot Käßmann weiß nur allzu gut: „Die EKD hat mich in vielem unterstützt, mir ermöglicht zu berichten, Prozesse in Deutschland zu begleiten und mich in meiner Zeit im Exekutivausschuss regelmäßig zu den EKD-Synoden als Gast eingeladen." In der Zwischenzeit gehörte sie selbst dem höchsten Leitungsgremien der EKD an – und hat oft mit dem ebenfalls in der hannoverschen Landeskirche beheimateten Auslandsbischof die Aporie der ökumenischen Bewegung besprochen.

Das Licht Christi scheint auf alle

Europa erscheint oft diffus, zerrissen, auf der Suche nach dem eigenen Profil, geprägt von dem Gegensatz zwischen Arm und Reich. In Europa haben viele Menschen die Orientierung verloren, das Bewusstsein für gemeinsame Werte und Grundlagen.

Das alles darf uns aber nicht verzagen lassen, ich sehe die Situation als Herausforderung. Jesus Christus hat gesagt: Ich bin das Licht der Welt. Gemeinsam von diesem Licht zu reden mitten in der Säkularisierung kann neue Hoffnung wecken in den Kirchen und weit darüber hinaus. Zu entdecken, dass ein orthodoxer Christ aus Bulgarien, eine Katholikin aus Spanien und ein Lutheraner aus Polen einen gemeinsamen Glauben teilen, dieselbe Bibel lesen, das Vaterunser miteinander sprechen können, das wird den Kirchen neuen Mut geben zu entdecken: Uns verbindet mehr als uns trennt! Und wir können etwas beitragen zur Erneuerung und Einheit in Europa.

Gedanken zum Motto der 3. Europäischen Ökumenischen Versammlung in Sibiu

Der Patriarch der griechisch-orthodoxen Kirche, Pavel, mit Margot Käßmann und dem damaligen Hildesheimer Bischof Josef Homeyer im Christus-Pavillon, 2000

Doch dem ökumenischen Gedanken und letztendlich auch der Bewegung blieb sie nach ihrem Rücktritt treu. So leitete sie 2007 die Delegation der EKD bei der Dritten Europäischen Ökumenischen Versammlung in Sibiu/Hermannstadt (Rumänien). Und dieses europäische Treffen war nach den Treffen in Basel (1989) und Graz (1997) eine unmittelbare Folge der Vollversammlung in Vancouver, bei der Margot Käßmann erstmalig in den Zentralausschuss gewählt wurde. Dort konstituierte sich der konziliare Prozess für Gerechtigkeit, Frieden und Bewahrung der Schöpfung. Diesem Prozess hatte sich die Theologin verschrieben, schon in ihrer Zeit als Pfarrerin der Evangelischen Kirche von Kurhessen-Waldeck. Und auch als sie zunehmend leitende Verantwortung in der verfassten Kirche übernahm, blieb sie dem konziliaren Prozess verbunden, der innerhalb der EKD die „Spannung zwischen kirchenleitenden Organen und Initiativgruppen" aufdeckte, wie sie als gerade frisch gewählte Bischöfin der hannoverschen Landeskirche schrieb.

Ernst Lange:
» Jede Kirche ist nur eine Provinz der Weltchristenheit. «

Sie lehnte sich auf gegen die Typisierung unterschiedlicher Ausdrucksweisen der Kirche, wie sie in der Ekklesiologie jener Jahre en vogue war. Die vier Gestalten der Kirche seien die Ortsgemeinde, die Initiativgruppe, die Regionalkirche und die Föderation, doch für Margot Käßmann zeigte der konziliare Prozess „letzten Endes eine Suchbewegung der ganzen Kirche nach der notwendigen Antwort der Christinnen und Christen auf die Krisis der Zeit". Sie sieht in dem Prozess „eine Zusammenfassung jahrzehntelangen Ringens" um aktuelle Konflikte und der Frage, wie ihnen auch spirituell zu begegnen ist. Daraus sei eine „umfassende ökumenische Vision für die kommenden Jahrzehnte" entstanden, schrieb sie 1990. Damals war sie geprägt von der Hoffnung, dass der konziliare Prozess zu „Lernbewegung in der Kirche um der Welt willen"

Der damalige Vorsitzende der Deutschen Bischofskonferenz, Karl Kardinal Lehmann, und die hannoversche Landesbischöfin Margot Käßmann bei einer Pressekonferenz, Bremen 2007

Hoffnung auf und für den Ökumenischen Rat der Kirchen

Als Christinnen und Christen brauchen wir einen starken ÖRK, der in einer Welt der Globalisierung die Stimme erhebt. Diese Außenwirkung wird durch die internen theologischen Spannungen zwischen der Orthodoxie und den Kirchen der Reformation sowie das mangelnde finanzielle Engagement vieler Mitgliedskirchen derzeit gelähmt. Ich hoffe sehr, dass diese Phase bald überwunden sein wird. Sollte das nicht möglich sein, halte ich es für bedenkenswert, ob nicht die konfessionellen Traditionen der Orthodoxie und der Erben der Reformation sich – wie der römische Katholizismus – getrennt, aber dennoch im Dialog miteinander auf Weltebene organisieren.

Schlussbemerkung der Rücktrittserklärung von Margot Käßmann aus dem Zentralausschuss des ÖRK 2002

werden könne. Sie hoffte, „dass nur eine nach innen erneuerte Kirche die Autorität hat, nach außen zu zu sprechen".

Diese Hoffnung hat sie nie aufgegeben und doch immer gewusst, dass alle ökumenische Zusammenarbeit zum großen Teil nicht nur auf theologischer Überzeugung beruht, sondern auch auf Freundschaften „über Kontinente und Nationen und Kirchen hinweg." Und im letzten Brief an den 2002 verstorbenen Verlagslei-

Mit dem orthodoxen Erzbischof Anastasios von Tirana und Albanien und dem Ratsvorsitzenden der Evangelischen Kirche in Deutschland (EKD), Bischof Wolfgang Huber, Wittenberg 2007

Mit dem südafrikanischen Erzbischof Desmond Tutu, Hannover Expo 2000

ter des ÖRK, Jan Kok, fährt sie fort: „Diese Freundschaften bestehen und tragen. Sie haben sogar über die Gräben der Weltkriege hinweg getragen. Du erwähnst T.K. Thomas in deinem Brief, der vergangenes Jahr in Indien starb. Ich könnte Aruna aus Indien erwähnen, aber auch Salpy aus Zypern, Rubem aus Rio, viele andere. Werner Simpfendörfer, der mich zu so vielem ermutigt hat, hat einmal gesagt, die Geschichte der ökumenischen Bewegung müsste als Theologie der Freundschaft geschrieben werden…". Und vielleicht ist dieses Verständnis von Freundschaft die Grundlage für das, was Margot Käßmann von der ökumenischen Bewegung erwartet: „Offensichtlich ist: Es geht nicht um Weltpolitik und Weltwirtschaft. Was wir brauchen ist Weltethik. Und dazu brauchen wir die Stimme des ÖRK."

Margot Käßmann:
» Ich verdanke dem Ökumenischen Rat unendlich viel, wäre ohne die dort gewonnene theologische Bereicherung und Leitungserfahrung heute wohl kaum Bischöfin der evangelisch-lutherischen Landeskirche Hannovers. «

Im September 2002

KAPITEL 16

Brüche im Leben

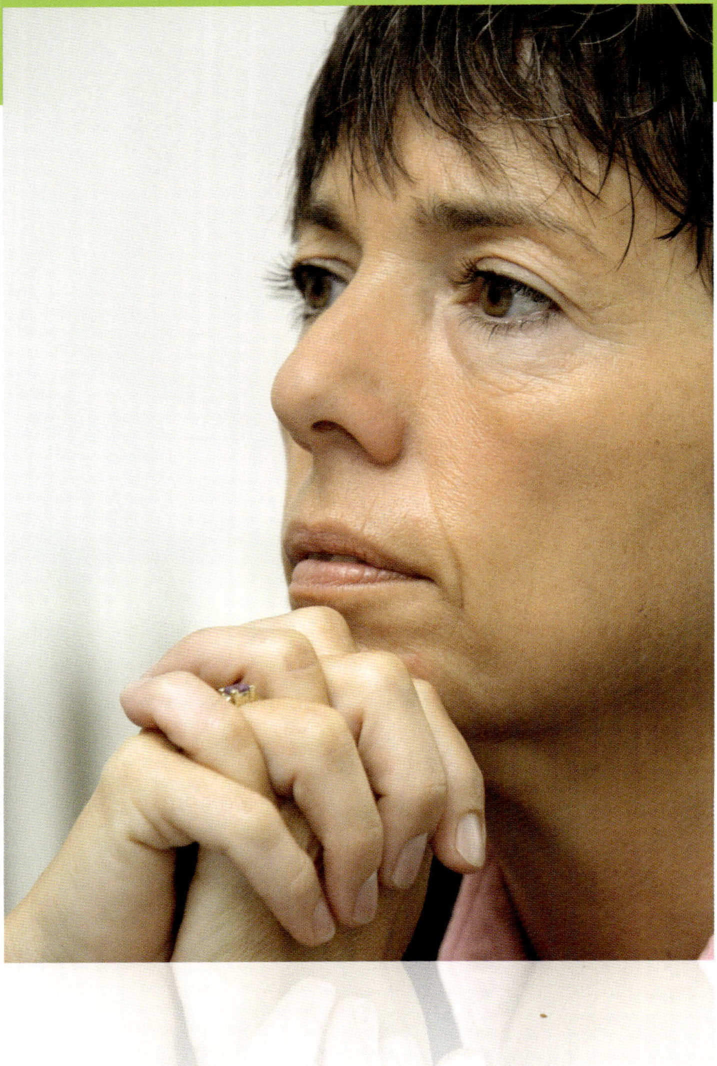

„Die schwersten Wege werden allein gegangen" – dieses Gedicht von Hilde Domin hat mich nach der Krebsdiagnose 2006 und der Scheidung 2007 begleitet. Auf dem Kirchentag in Köln habe ich es in meiner Bibelarbeit zitiert, als die Wüstenerfahrungen von Jesus Thema waren. Meine eigene Erfahrung ist, dass Wüstenerfahrungen das Leben tiefer machen. Wer nie Brüche erlebt hat, weiß weniger vom Leben als diejenigen, die durch Täler von Einsamkeit und Krankheit, Angst und Verletzung, Schuld und Fragen gegangen sind.

Viele Menschen schreiben mir davon. Es ist bewegend für mich, wie sehr der christliche Glaube trösten, Orientierung und Halt schenken kann. Seelsorge im besten Sinne geschieht so. Ich habe gelernt, dass ich nicht nur für die Seele anderer sorgen kann, sondern auch für meine eigene zu sorgen habe. Nur eine Seele, die mit sich eine Balance findet, kann anderen Kraft und Stütze sein. Oft habe ich solche Balance beim Laufen um den Maschsee gefunden. Da habe ich einen Bibelvers, die Tageslosung, ein Gebet mit auf den Weg genommen und die Seele konnte zu Wort kommen in all dem Trubel und den Turbulenzen.

Was ist die Seele? Der Kinofilm „21 Gramm" ist dem einmal auf anrührende Weise nachgegangen. Ich denke, die Seele ist der tiefste Ort unseres Inneren, der Punkt, an dem wir uns nichts vormachen können, da sind wir ganz wir selbst, „coram deo", vor Gott. Und wie die Mystiker den Atem wahrgenommen haben als Form, loszulassen, so kann das auch beim Laufen geschehen: Einatmen – Ausatmen – Einatmen – Ausatmen – Loslassen. Frei werden. Neue Horizonte finden. Kraft schöpfen. Angst überwinden. Einatmen – Ausatmen – Einatmen – Ausatmen. Neuen Mut haben zum Leben. Krisen anschauen. Lösungen sehen. Der Weg geht weiter, die Wüste ist nicht das Ende. Sondern da kommt neues, grünes Land in Sicht. Für deine Seele. Für dich.

Die schwersten Wege

Die schwersten Wege
werden alleine gegangen,
die Enttäuschung, der Verlust,
das Opfer,
sind einsam.
Selbst der Tote der jedem Ruf antwortet
und sich keiner Bitte versagt
steht uns nicht bei
und sieht zu
ob wir es vermögen.
Die Hände der Lebenden die sich ausstrecken
ohne uns zu erreichen
sind wie die Äste der Bäume im Winter.
Alle Vögel schweigen.
Man hört nur den eigenen Schritt
und den Schritt den der Fuß
noch nicht gegangen ist aber gehen wird.
Stehenbleiben und sich Umdrehn
hilft nicht. Es muss
gegangen sein.

Nimm eine Kerze in die Hand
wie in den Katakomben,
das kleine Licht atmet kaum.
Und doch, wenn du lange gegangen bist,
bleibt das Wunder nicht aus,
weil das Wunder immer geschieht,
und weil wir ohne die Gnade
nicht leben können:
die Kerze wird hell vom freien Atem des Tags,
du bläst sie lächelnd aus
wenn du in die Sonne trittst
und unter den blühenden Gärten
die Stadt vor dir liegt,
und in deinem Hause
dir der Tisch weiß gedeckt ist.
Und die verlierbaren Lebenden
und die unverlierbaren Toten
dir das Brot brechen und den Wein reichen -
und du ihre Stimmen wieder hörst
ganz nahe
bei deinem Herzen.

Hilde Domin

Lebensbrüche öffentlich gelebt

Ulrike Millhahn, Chefredakteurin

Zwei Tage nach ihrer Brustkrebsdiagnose im August 2006 sitzt Margot Käßmann mit ihren Töchtern zusammen und erzählt von ihrem Vater Robert, der schon mehr als dreißig Jahre tot ist. „Auf einmal war so eine Atmosphäre da, das lässt sich ja nicht herstellen, die entsteht plötzlich", schreibt sie in ihrem Buch „In der Mitte des Lebens", das über lange Zeit auf den Bestsellerlisten gestanden ist. Und sie wundert sich, wie wenig sie bisher von ihm geredet hat.

„Kleiner Robert" wird sie als Kind scherzhaft genannt, weil sie so gern in seiner Autowerkstatt spielt. Die kleine Margot liebt ihren lebenslustigen Vater sehr. Als die 16-Jährige im Sommer 1974 zu einem einjährigen Schüleraustausch in die Vereinigten Staaten reist, erfährt sie erst dort, dass der 52-Jährige Krebs hat. Die Schule finanziert ihr einen Heimflug – für eine Woche. Die Eltern ermutigen sie, nach Connecticut zurück zu gehen. Es ist nicht absehbar, dass der Vater kurz darauf stirbt. Noch einmal mag die Stipendiatin, die sich ihr Taschengeld mit Babysitten verdienen muss, das noble Ostküsten-Internat nicht um Geld bitten: „Ich habe das mit mir selbst ausgemacht, es einfach niemandem erzählt." Erst bei der Bestattung ihres Schwiegervaters viele Jahre später weint sie die Tränen von damals: „Und alle wunderten sich, weil ich doch gar keine enge Bindung zu ihm hatte."

Margot Käßmann:

» Die Gründe für das Scheitern einer Ehe können vielfältig sein. Ich finde, sie gehen nur das Paar selbst etwas an, das sich mit der Krise auseinandersetzen muss. Niemand lässt sich leichtfertig scheiden, das jedenfalls ist meine Erfahrung. «

Aus „In der Mitte des Lebens"

Sie kommt aus den USA zurück und ist entschlossen, Theologie zu studieren. Ihre Mitschüler sind erstaunt: „Sie haben gelacht und gesagt: Das passt nicht zu mir, dem lustigen Weltkind, das ich immer war." Ihr „fröhliches Herz", wie sie es selbst gern nennt, bewahrt sie sich durch die

Mit den Töchtern, 2009

Jahre. Wird Pastorin und schließlich Bischöfin. Ihr Alltag ist zunehmend von strikter Disziplin und Durchhaltevermögen geprägt – beides hat sie von ihrer Mutter gelernt. Ein „Das schaff' ich nicht" war zu Hause verpönt.

Die Freizeit der Bischöfin ist rar, und wenn, dann gehört sie den Töchtern. In einer Zeitung heißt es: „Sie hetzt von Termin zu Termin und avanciert dabei zur beliebten Gesprächspartnerin für Politiker und Journalisten." Am Freitag, dem 25. August 2006, ist damit erst einmal Schluss. Margot Käßmann hat Brustkrebs. Sie ist eher erstaunt als geschockt und schreibt in ihr Tagebuch: „Bin um den Maschsee gelaufen, ganz locker. Fit bin ich jedenfalls, wenn die gestern nicht diesen Knoten diagnosti-

Margot Käßmann:
» Wen muss ich überhaupt alles informieren? Du liebe Zeit, das ist ja dann eine Meldung, die voll die Runde macht! Da kann ich auch gleich eine Anzeige aufgeben: Habe Brustkrebs, bin bis auf Weiteres außer Dienst! «

Aus „In der Mitte des Lebens"

ziert hätten, würde ich es kaum glauben." Von Mitleid will sie nichts wissen: „Lauter Leute voller Betroffenheit kann ich nicht um mich haben. Ich schaff' das schon."

Am Sonntag vor der Operation hält sie noch einen Festgottesdienst in der Lüneburger Heide. Der Propst nimmt die Bischöfin mit in das Fürbittengebet auf. „Wenn er wüsste, wie nötig ich das habe", schreibt die 48-Jährige: „Aber ich kann mich ja auch nicht hinstellen und sagen ‚Vielen Dank, ich habe nämlich Brustkrebs.'" Doch genau dazu ringt sie sich dann doch in einem kurzen Statement ihrer Pressestelle durch. Sie will Gerüchten vorbeugen und selbst bestimmen, was über sie berichtet wird.

Als ihre Töchter sie am Dienstag ins Krankenhaus begleiten, ist ihre bevorstehende Operation bereits auf allen Titelseiten. Sie halte sich an dem Satz fest „Du kannst nie tiefer fallen als in Gottes Hand", schreibt sie ins Tagebuch, während von überall her Blumensträuße eintreffen. Die zwei Monate ihrer Rekonvaleszenz erlebt sie als „eine auch geschenkte Zeit". Der Spätsommer in diesem Jahr will gar nicht enden. Oft sitzt sie nach der ambulanten Strahlentherapie noch bis in den Abend hinein allein im Strandkorb auf ihrem Balkon, schaut in den blühenden Garten und versucht etwas ganz Neues: „Ich musste lernen, Geduld zu haben." Gedanken über ihr bisheriges und künftiges Leben, das sie plötzlich sehr konkret als begrenzt erfährt, lassen sich nicht länger im Alltagsstress verdrängen.

„Ohne die Krebserkrankung hätte ich wahrscheinlich nicht den Mut gehabt, mich zu trennen", sagt sie später: „Wahrhaftigkeit ist für mich das Wichtigste." Ihre Angst vor dem Schritt ist riesig. Erstmals denkt sie darüber nach, ihr Amt zur Verfügung zu stellen. „Ich kann ja nicht tiefer fallen als in Gottes Hand", steht wieder einmal im Tagebuch.

Margot Käßmann:
» Eine Wüstenerfahrung habe ich gemacht, als meine Scheidung öffentlich wurde. Einerseits waren da „Engel", die mich getragen haben, meine Töchter, mein allernächstes Arbeitsumfeld in der Kanzlei, im Landeskirchenamt, im Bischofsrat, im Senat der Landeskirche. Aber es gab auch Zurückweisung, Häme, Giftspritzen ohne Absender, die Freude am „tiefen Fall" eines Menschen haben. «

Aus „In der Mitte des Lebens"

Die Monate nach dem 10. Mai 2007, an dem sie die Trennung von Ehemann Eckhard bekannt gibt, erlebt

Du kannst nicht...

Du kannst nicht...

Du kannst nicht tiefer fallen
als nur in Gottes Hand,
die er zum Heil uns allen barmherzig ausgespannt.

Es münden alle Pfade durch Schicksal, Schuld und Tod
doch ein in Gottes Gnade trotz aller unserer Not.

Wir sind von Gott umgeben
auch hier in Raum und Zeit
und werden in ihm leben und sein in Ewigkeit.

Arno Pötzsch,
Evangelisches Gesangbuch 533

2009

Margot Käßmann als Spießrutenlauf. Zwar stellt sich die Kirchenleitung einmütig hinter ihre Bischöfin, doch die Landeskirche fordert auch Erklärungen. Eine offizielle Trennung eines Bischofs oder einer Bischöfin im Amt hat es in Deutschland noch nie gegeben.

Margot Käßmann:
»Das Alleinsein will auch gelernt werden. Wer allein ist, muss ja nicht einsam sein. Es gibt beides: einsam sein, ohne allein zu sein und allein sein, ohne einsam zu sein.«

Aus „In der Mitte des Lebens"

In Göttingen und Osnabrück, in Aurich und Lüneburg, in Hildesheim und Nienburg, in Hannover und Stade – auf jeder Generalversammlung der Pastoren und Diakone in den einzelnen Kirchenregionen stellt sich die Bischöfin den kritischen Fragen ihrer Mitarbeiter. Auch das Kirchenparlament wünscht ein internes Gespräch. „Wir haben sehr hart nachgefragt", erinnert sich eine Synodale.

Dazu kommt das enorme öffentliche Interesse. Wieder einmal ist Margot Käßmann, wie ein dreiviertel Jahr zuvor bei ihrer Krebserkrankung, auf allen Titelseiten.

Damals schwappen ihr Wellen der Sympathie entgegen. Die Reaktionen auf ihre Trennung erlebt sie ganz anders: „Zurückweisung, Häme, Giftspritzen ohne Absender, Leserbriefe ohne Barmherzigkeit, die Freude am ‚tiefen Fall' eines Menschen", schreibt sie in ihrem Buch.

Eine Boulevard-Zeitung schleicht sich durch den Garten an die Schwiegermutter auf der Terrasse heran und titelt „Jetzt spricht die Schwiegermutter". Von den Reportern lässt sie sich Sätze wie „Meine Schwiegertochter dominierte in dieser Beziehung" in den Mund legen. Die 81-Jährige versteht hinterher nicht, wie ihr geschehen ist. Dieser Übergriff ins Private verstört auch die Restfamilie, vor allem die vier Töchter. Er ist jedoch nur ein Vorgeschmack auf das, was drei Jahre später auf alle zukommt.

Margot Käßmann:
» Während andere darüber spekulieren, ob ich „Karriere machen will" und nach Posten oder Positionen strebe, bin ich viel mehr bei mir selbst und suche die Zeiten des Alleinseins. «

Aus „In der Mitte des Lebens"

Anderes in dieser Zeit nimmt Margot Käßmann eher mit Humor. Eines frühen Morgens öffnet sie die Haustür, um mit ihrem Schäferhundmischling Gassi zu gehen. Ole macht verschreckt einen großen Satz zurück und knurrt eine 1.50 Meter hohe, bunt bemalte Heiligenfigur aus Holz an. Sie soll die Bischöfin – dem Wunsch des anonymen Spenders zufolge – wieder zurück auf den rechten Ehe-Pfad führen. Eine Frau aus Bayern campiert tagelang in einem Auto direkt vor der Haustür, entzündet Kerzen, verbrennt Weihrauch und klingelt Tag und Nacht, bis die genervte Bischöfin die Polizei ruft. Die Frau will mit ihr beten, um so angebliche Dämonen auszutreiben.

„Ich habe meine Scheidung als einen Punkt erlebt, der als Konsequenz unausweichlich geworden war; sonst hätte ich niemals den Mut dazu gehabt", heißt es im Buch. „Aber ich habe die Phase der Veröffentlichung und der offenen Kritik bis hin zu Verachtung und Hass als schrecklich empfunden." Die Boulevard-Reporter können noch so eifrig recherchieren, Details aus ihrer Ehe erfahren sie nicht. Margot Käßmann unterscheidet sehr genau zwischen Privatem und Persönlichem. Über persönliche Erfahrungen und Erlebnisse zu sprechen, ist für sie ein wesentlicher Teil ihrer Authentizität. Doch das Private bleibt privat.

Im Februar 2010 rätselt die ganze Republik darüber, wer in jener Nacht neben der Bischöfin im Auto gesessen hat, als sie von der Polizei gestoppt wird. Tagelang wird ihr Haus belagert. Reporter bestechen Handwerker, um vom gegenüberliegenden Gebäude aus in das Zimmer der 18-jährigen Tochter zu fotografieren. Alle vier Schwestern erhalten Anrufe von Journalisten, die ihnen Geld für Interviews anbieten. Ihre Facebook-Seiten werden systematisch durchsucht. Am Dienstagabend vor dem Rücktritt drängen sich Kameraleute auf einem Garagendach und versuchen, ins Wohnzimmer zu filmen.

Margot Käßmann zieht sich zurück, um auch die bisher schwerste Krise ihres Lebens allein zu durchdenken. Am Mittwochvormittag schaut sie immer wieder auf die Zeitungstitel: „1,54 Promille am Steuer – Käßmann gerät unter Druck". Es ist genau dieser Druck, den sie nicht mehr erträgt. „Ich habe immer funktioniert", sagt sie einer Freundin: „Mein ganzes Leben lang habe ich das getan, was andere – und auch ich selbst – von mir erwartet haben." Am Mittag schließt sich die EKD-Ratsvorsitzende in ihrem Amtszimmer ein, um ihre Rücktrittserklärung zu formulieren. Sie schreibt: „Ich weiß aus vorangegangenen Krisen: Du kannst nie tiefer fallen als in Gottes Hand. Für diese Glaubensüberzeugung bin ich auch heute dankbar."

Ein paar Monate später beginnt die 52-Jährige damit, den ehemaligen Sechs-Personen-Haushalt in Hannover aufzulösen. Sie ist jetzt genauso so alt, wie ihr Vater bei seinem Tod war, und sie erinnert sich immer öfter an seine Lebenslust und Leichtigkeit. Margot Käßmann weiß zu diesem Zeitpunkt noch nicht, wie es beruflich in ihrem Leben weitergeht, aber in einem ist sie sich sicher: „Ich schaff' das schon."

Xavier Naidoo:

» Dieser Weg
wird kein leichter sein.
Dieser Weg
wird steinig und schwer.
Nicht mit vielen
wirst du dir einig sein,
doch dieses Leben
bietet so viel mehr. «

Aus: „Dieser Weg"

Nur eine Rose als Stütze

Ich richte mir ein Zimmer ein in der Luft
unter den Akrobaten und Vögeln:
mein Bett auf dem Trapez des Gefühls
wie ein Nest im Wind
auf der äußersten Spitze des Zweigs.

Ich kaufe mir eine Decke aus der zartesten Wolle
der sanftgescheitelten Schafe die
im Mondlicht
wie schimmernde Wolken
über die feste Erde ziehen.

Ich schließe die Augen und hülle mich ein
in das Vlies der verläßlichen Tiere.
Ich will den Sand unter den kleinen Hufen spüren
und das Klicken des Riegels hören,
der die Stalltür am Abend schließt.

Aber ich liege in Vogelfedern, hoch ins Leere gewiegt.
Mir schwindelt. Ich schlafe nicht ein.
Meine Hand
greift nach einem Halt und findet
nur eine Rose als Stütze.

Hilde Domin

KAPITEL 17

Privat oder öffentlich – Die Landesbischöfin und die Medien

Meine erste Medienbegegnung hatte ich 1983, als ich in den Zentralausschuss des Ökumenischen Rates gewählt war, ein Interview, das ich ziemlich verschreckt gegeben habe. Am 1. Januar 1989 wurde der Fernsehgottesdienst aus Spieskappel übertragen, ich hielt die Liturgie. Hinterher sagte der Regisseur: „Sie sollten von innen glänzen, nicht von außen!" Niemand hatte mir gesagt, dass Puder angesichts von Fernsehkameras gut ist. Es folgte Sprecherziehung für Rundfunkandachten. Als Generalsekretärin des Kirchentages hatte ich ab und an eine Pressekonferenz zu bestreiten. All das war hilfreich, als ich 1999 zur Landesbischöfin gewählt wurde. Und doch war das überwältigend: so viele Kameras! Wo schaust du hin? Lächelst du? Alles wird interpretiert.

Ich habe die Medien geschätzt, weil das Wort Gottes sich medial kommuniziert. Und ich finde es richtig, dass eine Person im bischöflichen Amt einen öffentlichen Auftrag wahrnimmt, denn der christliche Glaube hat etwas zu sagen in dieser Zeit und Welt. Dabei das richtige Verhältnis von Amt und Person zu finden, ist nicht einfach. Da heißt es: „Sie hat ihre Krebserkrankung und ihre Scheidung öffentlich gemacht." Nur: Wie soll eine Bischöfin drei Monate von der Bildfläche verschwinden, ohne dass spekuliert wird, warum sie alles absagt? Dann doch besser offensiv sagen, dass es Brustkrebs ist. Und: Kann eine Bischöfin verheimlichen, dass es eine Scheidung gibt? Nein, sie muss es ja ihrem Arbeitgeber anzeigen. Das heißt aber nicht, dass sie alles preisgeben muss, was privat ist. Ja, es gibt eine gewisse Verpflichtung zur Öffentlichkeit. Aber es gibt auch den Schutz der Privatsphäre, den Respekt und die notwendige Distanz, die jeder Mensch für das eigene Leben braucht. Dabei die richtige Balance zu finden, ist in der Mediengesellschaft eine Herausforderung.

Im medialen Aufzug

Joachim Frank, Chefredakteur
der Frankfurter Rundschau

Das gefährlichste Verkehrsmittel für einen Prominenten ist der Aufzug. Wen die Boulevard-Presse damit nach oben befördert, den nimmt sie auch wieder mit nach unten, hat Springer-Vorstandschef Matthias Döpfner vor einigen Jahren lakonisch befunden. „Diese Entscheidung muss jeder für sich selbst treffen.“ Normalerweise fahren Kirchenleute ungern Aufzug. Sie scheuen sich, ihr Privatleben in die Öffentlichkeit zu tragen. Zwar ist damit die Aussicht auf höhere Bekanntheit und größere Reichweite ihrer Worte verbunden, aber eben auch das Risiko, durch den Boulevard „gnadenlos verfolgt“ zu werden. Das Auf und Ab des Medien-Aufzugs zu meiden, fällt kirchlichen Repräsentanten leichter als Politikern, Schauspielern, Sängern oder anderen Promis. Deren Erfolg hängt direkt damit zusammen, wie präsent sie in den Medien sind. Für die innerkirchliche Öffentlichkeit dagegen ist das eine eher nachgeordnete Frage, und sollte die Stimme der Kirche in gesellschaftlichen Debatten gefragt sein, stehen immer zumindest einige (wenige) Funktionäre bereit. Die wiederum sind als Privatleute kaum oder gar nicht interessant.

Helmut Kremers:
» Zeitungsleute lieben Margot Käßmanns Beiträge: Sie ist eine Meisterin der „kleinen Form" und versteht es, ihr Charisma auch in ihre Texte zu tragen – und das heißt: Was sie zu sagen hat, kommt an, was sie schreibt, erreicht die Menschen. «

Chefredakteur „zeitzeichen", Berlin

Bei Margot Käßmann ist das von jeher anders gewesen. Seit sie im Juni 1999 zur Bischöfin der hannoverschen Landeskirche gewählt wurde, galt ihrer Person die Aufmerksamkeit mindestens so sehr wie ihrem Amt. Das hat zweifellos mit den Gesetzen des Medienbetriebs zu tun: Reizvoll ist einerseits das Besondere, Ungewöhnliche, andererseits das Exemplarische. Käßmann war in der lutherischen Kirche erst die zweite Frau, die ein Bischofsamt bekleidete. Mit vier Töchtern und einem Mann, der ihr im Haushalt den Rücken freihielt, personifizierte sie die „Power- und Karrierefrau". Käßmann ist telegen, sie kann auf den Punkt formulieren, sie weicht heiklen Themen nicht aus – allesamt Eigenschaften, die Journalisten das Leben ungemein erleichtern.

Aber Margot Käßmann hat sich auch dafür entschieden, es ihren Gesprächspartnern leicht zu machen. Zum einen durch den großen Stellenwert, den sie der Öffentlichkeitsarbeit eingeräumt hat: Statements, Interviews, Talkshow-Auftritte – wo sich andere notorisch zieren und verweigern, war auf Käßmann stets Verlass. Zum anderen hat sie den Einsatz der Person im Amt regelrecht zum Kommunikationsprinzip gemacht. Schon vor ihrer offiziellen Einführung als Landesbischöfin begrüßte sie in einem Interview nicht nur die Zulassung der Abtreibungspille Mifegyne. Allein das war spektakulär genug. Zudem führte sie sehr persönliche Gründe ins Feld. Sie wandte sich dagegen, einer Frau größere Schmerzen zuzumuten, als unbedingt notwendig. „Die Gegner der Abtreibungspille sagen doch, dass Mifegyne deshalb abzulehnen sei, weil damit ein schonenderer, schmerzfreierer Weg zur Abtreibung eröffnet wird. Das klingt so, als ob die Frau notwendig Schmerzen ertragen müsse, wenn sie sich denn für einen Abbruch entschieden hat. Und eben das kann ich nicht verstehen. Ich habe selber einmal eine Ausschabung mitmachen müssen – nicht wegen einer Abtreibung, sondern weil ich ein Kind verloren habe. Und ich kann Ihnen sagen: Das ist keine Sache, die man so locker über sich ergehen lässt." (*„Kölner Stadt-Anzeiger"* vom 7. Juli 1999)

Michael Eberstein:
» Professionelle Medienarbeit ist vielen Kirchenvertretern nicht gerade in die Wiege gelegt. Margot Käßmann gehört zu den Ausnahmen. Eine Interview-Anfrage, spätabends per Mail geschickt, war am kommenden Morgen schon beantwortet. Die Bitte um eine kurze prägnante Einschätzung aktueller Ereignisse beantwortete Margot Käßmann ebenso schnell wie kompetent. Mein Dank gilt ihr aber vor allem, weil sie der Evangelischen Zeitung und ihrer Redaktion, deren Bestand längst nicht immer gesichert war, jederzeit unterstützend zur Seite stand, geradezu in seelsorgerlicher Verantwortung. «

Chefredakteur
„Evangelische Zeitung", Hannover

Fernsehgottesdienst, 2006

So manchem Kirchenfunktionär soll die Luft weggeblieben sein über solch schonungslose Rede, und Käßmann hatte bereits Ärger, noch ehe sie ihr Amt überhaupt angetreten hatte. In allen Debatten – politischen, gesellschaftlichen, theologischen, ökumenischen – ist das zu ihrem Markenzeichen geworden: Die eigene Erfahrung trägt das Argument; Authentizität schafft Glaubwürdigkeit. Das hat Käßmann wieder und wieder betont, auch auf die Fragen nach ihrem offenen Umgang mit Krebskrankheit und Scheidung. Sie wolle solche Herausforderungen unter christlichen Vorzeichen reflektieren. „Wenn ich dafür aber nicht auch persönlich einstehe, wirkt das immer aufgesetzt."(„*Frankfurter Rundschau*" vom 25. September 2009) Darum seien Amt und Person nicht zu trennen.

Die Sorge vor dem Fahrstuhl nach unten hat Käßmann dabei durchaus mitgedacht, aber letztlich hinten angestellt. „Manche in der Kirche würden sagen: Lass die Finger davon, erzähl bloß nichts von dir selbst. Aber ich kann der Versuchung nicht widerstehen", sagte sie auf dem Medientag der hannoverschen Landeskirche 2009. Dem kokett eingesetzten Begriff „Versuchung" mit seiner Konnotation des Sündig-Lasterhaften brach sie gleich anschließend die Spitze, indem sie ihre Maxime „erzähl ruhig von dir selbst" als „gut biblisch" apostrophierte.

In der Tat können sich die bestallten Verkünder der christlichen Botschaft nicht damit zufrieden geben, eine gute Figur zu machen und damit womöglich ihrer Sache Gehör zu verschaffen. Sie müssen sich auch die Frage stellen, ob ihr Auftreten selbst „dem Evangelium gemäß" ist. Der Vorwurf der Eitelkeit, der Selbstdarstellung und der Verdrängung der Botschaft durch den Boten liegt da nahe – und ist im Falle Käßmanns in Begriffe wie „One-Woman-Show" oder „Margots Ego-Trip" eingeflossen. Dass er sich nicht so ganz sicher sei, ob er nun einen Popstar oder eine Bischöfin chauffiere, hat Käßmanns Fahrer Thorsten Bollmann einmal verraten. Ohne das zu werten, belegt sein Eindruck doch die sehr eigene öffentliche Rolle seiner Chefin. („*Süddeutsche Zeitung*" vom 9. Januar 2010). Nun konnte schon Dietrich Bonhoeffer, der von Käßmann so hoch geschätzte Theologe und Widerstandskämpfer, scharf gegen „allen Starkult" als Indiz gesellschaftlicher Degeneration wettern. Demgegenüber schrieb Bonhoeffer seiner Kirche aber auch ins Stammbuch, sie werde in Zukunft die Bedeutung des menschlichen Vorbildes nicht unterschätzen dürfen. „Nicht durch Begriffe, sondern durch Vorbild bekommt ihr Wort Nachdruck und Kraft."

Tobias Glawion:
» Fernsehkameras lieben sie, Mikrofone saugen ihre Worte auf, und Journalistenfedern werden durch ihre Gedanken beflügelt. Margot Käßmann ist ein echter Popstar, immer tanzend auf der gefährlich dünnen Medien-Rasierklinge zwischen Hosianna und kreuziget sie. «

Chefredakteur ekn (Evangelischer Kirchenfunk Niedersachsen)

Wer diese programmatische Aussage Bonhoeffers zu Ende denkt, wird zu dem Schluss kommen müssen, dass der Einsatz der eigenen Person für die Vorbildfunktion unerlässlich ist, erst recht unter den Bedingungen einer

Mediengesellschaft. „Was nützt mir die schönste abstrakte theologische Spekulation, wenn sie nichts mit mir zu tun hat?", fragt Margot Käßmann und antwortet selbst: „Gar nichts!"

Biblisch steht sie damit auf ebenso sicherem Grund wie theologiegeschichtlich. Die Schlüsselszene im Neuen Testament für Käßmanns Amtsverständnis findet sich am Anfang des Johannes-Evangeliums. Auf die Frage zweier Jünger Johannes des Täufers an Jesus, „Meister, wo wohnst du?", sagt dieser: „Kommt und seht!" In diesem Dialog geht es nicht einfach um Standort, Größe und Beschaffenheit einer Immobilie, sondern um den Kern der Existenz Jesu. Was bestimmt ihn? Was macht ihn aus? Die Antwort darauf besteht nicht in gelehrten Worten, sondern in der Anschauung, in der Teilhabe. „Da gingen sie mit und sahen, wo er wohnte, und blieben jenen Tag bei ihm." *(Joh 1,38-39)*

Joan Bleicher:
» Diese Haltung des Nicht-Vertuschens hat zu einer Vermenschlichung der Institutionen Bischofsamt und EKD- Vorsitzende beigetragen «

Medienwissenschaftlerin
Hans-Bredow-Institut, Hamburg

Wer sich in die Nachfolge Jesu begibt, muss also – bildlich gesprochen – ebenfalls die Türen öffnen und diejenigen einlassen, die nach Glaube und Leben fragen. Die Dimension des Authentischen, auf die Käßmann noch in ihrer Rücktrittserklärung mit den Stichworten „persönliche Überzeugungskraft" und „Geradlinigkeit" Bezug genommen hat, reicht in ihrer Bedeutung über das Charakterliche und Kommunikative hinaus ins Religiöse.

Eine Reflexion über Käßmanns Art, sich und ihren Glauben ins Gespräch zu bringen, kommt nicht aus ohne den Rückverweis auf Martin Luthers Wende zum Individuum. Anders als im Katholizismus, gehört die unmittelbare Beziehung zwischen Gott und dem gläubigen Ich wesentlich zum protestantischen Selbstverständnis und zur evangelischen Freiheit. Das Glaubens-Ich kann und will sich durch niemanden anders vertreten lassen. Darum haftet Käßmanns Worten schnell der Ruch der Egozentrik an. Das gilt vor allem im Vergleich mit katholischen Würdenträgern, die in aller Regel peinlich darauf bedacht sind, sich in den kirchlichen Mainstream einzuschmiegen, in den Konsens mit Tradition und Lehramt, mit Papst und Bischofskollegium. Käßmann dagegen entwickelt ihre Positionen von sich selbst her, wohl aber mit Bezugnahme auf die Bibel. Sehr deutlich ist das in ihrem Bestseller „In der Mitte des Lebens". Viele Kapitel sind dramaturgisch als Pendelschlag gestaltet: von biblischen Geschichten hin zu Episoden aus dem Leben der Autorin – oder umgekehrt.

„Ich und mein Gott" – darauf und darüber lässt Käßmann nichts kommen. Den zweiten, aber unverzichtbaren Teil dieser Verbindung übersehen Kritiker, die zu zählen beginnen, wie oft Käßmann in einem bestimmten Interview „ich" sagt. Denn so wenig sich Käßmann hinter ein kirchliches Gremien-Wir zurückzieht, so deutlich setzt sie ihre Standpunkte in Beziehung zu den Glaubensinhalten, die sie vermitteln möchte. Vom eigenen „Ich" redet anders, wer auf ein „Du" verweisen will, in Käßmanns Fall auf Gott. Missionieren bedeute für sie, „von dem reden, was mich trägt" – in diesem Satz im „Stern" vom 21. Januar 2010 bindet Käßmann beides exemplarisch zusammen. Und wer es lieber etwas pragmatischer haben möchte, für den lautet ihre Losung am Beispiel eines Auftritts bei Johannes B. Kerner: „Wenn ich dort im Gespräch nur drei christliche Sätze unterbringen kann, hat sich das schon gelohnt."(*Berliner Journalisten* 4/2006)

Nicht einmal das Bischofsamt war ihr so wichtig, dass sie es behalten hätte um den Preis eines angegriffenen Ich-Kerns. Speziell auf katholischer Seite gab es deshalb Kritiker, die Käßmanns Rücktritt im Einklang mit der Kirchenverfassung – als eine typisch protestantische Geringschätzung des Amtes deuteten.Tatsächlich lässt sich der späte Abend im Februar 2010, an dem Käßmann betrunken am Steuer eine rote Ampel missachtete, als Belastungsprobe für das

Kathrin Kommerell

» Wir freuen uns, dass Frau Käßmann mit ihrer Herausgeberschaft die einzige evangelische Kindermonatszeitschrift unterstützt und damit deren alltagsnahen, offenen und lebensbejahenden Antworten auf Kinderfragen zu Gott und der Welt unterstreicht. «

Chefredakteurin „benjamin", Stuttgart

kirchliche Amtsverständnis lesen – aber nicht nur für das protestantische. Bis weit in die zweite Hälfte des 20. Jahrhunderts hinein war es eine Selbstverständlichkeit, dass das Amt die Person stützt. Dafür gab es zahlreiche soziale Stabilisatoren – von klaren Rollendefinitionen bis hin zu bestimmten Insignien: Im Lutherrock oder in der Soutane steckte selbstredend ein „Kirchenmann" – ein von seiner Funktion getragener Funktionsträger. Besonders anschaulich war dies in der Liturgie der katholischen Messe vor der Reform durch das Zweite Vatikanische Konzil in den 1960er Jahren: Der Priester zelebrierte den Gottesdienst in steifen Gewändern, mit dem Rücken zur Gemeinde; als Individuum war er nicht erkennbar. Außerhalb des Gottesdienstes residierte der Priester in einer oftmals hochherrschaftlichen Pfarrburg, die sich von einer x-beliebigen staatlichen Behörde nur durch die Nähe zur Kirche unterschied. Das mag für die evangelische Pastorenfamilie graduell anders gewesen sein, aber auch für sie gab es einen strengen, nicht selten beengenden institutionellen Rahmen.

Arnd Brummer:

» Die große Qualität Margot Käßmanns als Autorin und Medienpersönlichkeit ist ihre Gabe, komplizierte theologische Erkenntnisse und Botschaften in die Sprach- und Denkwelt so genannter „normaler" Menschen zu bringen. Sie formuliert im besten Sinne, wie es Martin Luther in seinem Sendbrief vom Dolmetschen fordert: in der Sprache der Leute – und zwar der Leute von heute –, ohne den Inhalt zu verkürzen, zu vereinfachen oder gar zu verfälschen. «

Chefredakteur „chrismon", Frankfurt

Der Übergang vom gesichtslosen Religionsverwalter zum Seelsorger mit Antlitz war ein Paradigmenwechsel, der allerdings mental bis heute nicht eingeholt ist. An wem würde das deutlicher als an Margot Käßmann? Um nur scheinbare Marginalien zu nennen: In zahlreichen Interviews hat sie sich dazu geäußert, wie sie sich als Bischöfin zu kleiden habe, welchen Schmuck sie tragen kann, ob sie in Sportkleidung um den Maschsee joggen darf. In Wahrheit steht hier nicht bloß der Dresscode einer Bischöfin in Frage, sondern die Rolle, für deren Besetzung mit einer modernen, emanzipierten Frau es praktisch keine Erfahrungswerte gab. „Meine Kirche freut sich einerseits, wenn ihre Bischöfin öffentlich wahrgenommen wird, und dafür sorgen die Medien. Andererseits soll die Bischöfin aber auch eine Person sein, die das geistliche Amt würdig vertritt. Sie darf sich nicht den Stars und Sternchen angleichen. Ein Balanceakt, bei dem Grenzen auf beiden Seiten gelernt sein wollen, so Käßmann auf dem Medientag der hannoverschen Landeskirche 2009.

Wer eine noch weitere Perspektive einnimmt, erkennt am Fall Käßmann, dass dem kirchlichen Amt generell die Konventionen, Verbindlichkeiten und Gewissheiten abhanden gekommen sind. Seine Ausübung ist „work in progress", und Margot Käßmann ist – auch und gerade als Frau – die ideale Projektionsfläche dafür. „Früher hat das Amt die Person getragen", so zitiert Käßmann Eduard Lohse, ihren Vorgänger als Landesbischof und EKD-Ratsvorsitzender. „Heute muss offenbar die Person vermitteln, was dieses Amt überhaupt ist." Straucheln und Scheitern der Person inbegriffen. Aus keinem anderen Grund ist Käßmanns Scheidung – und später dann ihre „Trunkenheitsfahrt" – so sehr zum Politikum geworden. „Es hat mich gestört, dass die Lebensmitte einer Bischöfin gerade in den Anfechtungen für andere zum öffentlichen Diskussionsthema wurde", schreibt Käßmann im Vorwort ihres Buchs „In der Mitte des Lebens". Wer wollte ihr das verdenken? Sie hat aber auch erkannt, dass Störungsgefühle allein zu nichts führen. Stattdessen hat sie die verschiedenen Situationen analysiert und – theologisch gewendet – eine Exegese, eine Auslegung vorgenommen.

Der Befund ist ein doppelter: Weder die Krebskrankheit noch das Scheitern der Ehe hätten sich geheim halten lassen; der Gang an die Öffentlichkeit war unausweichlich, ja notwendig, um so weit wie möglich die Deutungshoheit über das Geschehene zu behalten. Ein offensives Auftreten schuf zudem einen Resonanzraum für zentrale

Helmut Kremers:

» Margot Käßmann ist eine Herausgeberin, wie man sie sich wünscht: Sie mischt sich nicht ins operative Geschäft ein, aber sie verfolgt aufmerksam, was in „ihrem" Heft so läuft und kritisiert, wo sie es für nötig hält. Gewissermaßen typisch für sie sind ihre kreativen Anregungen an die Redaktion: In ihnen zeigt sich immer, dass sie weiß, „was dran ist", was die Menschen bewegt. Damit lässt sich etwas anfangen. «

Chefredakteur
„zeitzeichen", Berlin

„Tacheles – Talk am roten Tisch", 2005

Botschaften der Humanität wie des christlichen Glaubens: vom Gehaltensein in Leid und Anfechtung, vom Wert des Mitgefühls und der Solidarität, von der Tapferkeit im Scheitern und dem Segen des Neubeginns. Davon spricht Margot Käßmann, wenn sie über „meinen Krebs" und „meine Scheidung" spricht – wiederum ist sie und macht sie sich wissentlich zur Projektionsfläche für die Ängste und die Hoffnungen vieler Menschen.

Es kann kaum überraschen, dass sie die „Methode Käßmann" auch am Tiefpunkt ihrer Laufbahn praktiziert hat. Als sie sich ein Vierteljahr nach ihrem Rücktritt auf dem Ökumenischen Kirchentag in München erstmals wieder öffentlich zeigte, genügte in ihrer Bibelarbeit zu *1. Mose 9,8-17* eine bloße Anspielung auf ihre Autofahrt vom 20. Februar, um zu illustrieren, wie sich für einen Menschen unvermutet der Himmel verdunkeln kann.

„Aber mit der Zusage des Segens, dass wir diese Welt in Verantwortung gestalten dürfen, lässt es sich leben und die nächsten Schritte wagen", fügte sie hinzu. Ich und mein Gott – ein Dreamteam sogar an der roten Ampel.

Die kritischen Stimmen zum angeblich rudimentären Amtsbegriff der früheren Bischöfin sind im Übrigen längst verstummt. Dazu hat ausgerechnet ein katholischer Bischof beigetragen: Walter Mixa, mit dem Käßmann wiederholt über Kreuz lag, so etwa im Streit um staatliche Kinderbetreuung. Kurz nach Käßmanns Rücktritt lieferte der Augsburger Oberhirte den Gegenwurf in Sachen „Würde": leugnen, lügen, lavieren und sich am Ende von oben aus dem Amt drängen lassen. Kontrastierend zu Mixas Gebaren in der Affäre um Misshandlungen von Heimkindern, trat Käßmanns beherztes Eingeständnis eines Fehlverhaltens samt schnörkellosem Rücktritt umso weniger als Ego-Pflege hervor und umso mehr als würdevoll und rollenbewusst. „Das, finde ich, ist ein protestantisches Verhalten", sagte sie selbst dazu im „Spiegel" vom 21. Juni 2010, dem zweiten Käßmann-Titel des Magazins in nur vier Monaten.

Der Spiegel, Nr. 9 vom 1. März 2010

Man kann auch anhand dieses neunseitigen Interviews mit Familienbildern, großformatigem Porträt und hochgradig stilisiertem Titelfoto darüber streiten, ob Käßmann in der Spannung zwischen öffentlicher Präsenz und persönlicher Zurücknahme den Bogen nicht überdehnt. Dem Eindruck entgegnend, sie sei süchtig nach Öffentlichkeit, beharrt sie aber darauf, dass die Medien sie suchen, nicht umgekehrt. Details aus ihrem Privatleben seien überdies nur äußerst spärlich gesät.

Wie ist das aber, wenn sie in ihrem Lebensmitte-Buch über zwölf Seiten hinweg das Tagebuch wiedergibt, das sie nach der Krebsdiagnose und -operation geführt hat? Privater geht es nun wirklich kaum. Hat sie da die entscheidende „Grenze zwischen privat und persönlich" nicht doch verletzt? Andererseits: Die Aufzeichnungen sind kein Dorado für Voyeure. Vor der Publikation, so versichert Käßmann, habe sie alle Menschen aus ihrem Umfeld um Zustimmung gefragt, die in dem Tagebuch eine größere Rolle spielen. Und vor allem: Durch den Einstieg ins Thema Krebs mit dem Satz „Houston, wir haben ein Problem", ein Zitat der Apollo-13-Mondlandungsmission von 1970, ist das Tagebuch selten anschlussfähig. Wer sich von der ganz und gar unfrommen Schilderung der Autorin einnehmen lässt, wird ihr womöglich auch in den Passagen folgen, in denen sie von der christlichen „Zuversicht im Leiden" schreibt.

Der Spiegel, Nr. 25 vom 21. Juni 2010

Seltsam mag es auch anmuten, wie Käßmann – praktisch zeitgleich zum showdown-artigen Abtritt von der öffentlichen Bühne – vor aller Augen ihr Seelenleben geoffenbart hat: „Ich bin wütend über mich selbst, ich schimpfe mit mir über meine eigene Dummheit. Ich fahre doch nie mit Alkohol, es war so unglücklich und ist mir vor mir selbst peinlich. Ich könnte in einem Loch versinken." („*Der Spiegel*" vom 1. März 2010) Aber vielleicht darf man solche Unschärfen der Eigen-PR verzeihen in einem Moment, in dem der Prominenten-Fahrstuhl so rasant nach unten gesaust ist wie selten sonst. Die Aufwärtsfahrt jedenfalls hat schneller wieder eingesetzt, als viele es für möglich gehalten hätten.

Hochjubeln und runterschreiben – der Fall Käßmann und die Medien

Arnd Brummer in chrismon 4/2010

Eine Frau geht am Samstagabend nach dem Kino essen und trinkt Wein. Leider setzt sie sich danach ans Steuer ihres Autos und erregt an einer roten Ampel die Aufmerksamkeit einer Polizeistreife. Resultat der Kontrolle: ein eindeutig zu hoher Promillewert. Konsequenz: mehrmonatiger Entzug der Fahrerlaubnis.

Wer in den vergangenen Wochen Zeitung gelesen oder den elektronischen Medien in Deutschland gelauscht hat, kann den Ablauf der Geschehnisse auswendig aufsagen, auf deren Grundlage Dr. Margot Käßmann am 24. Februar schließlich alle kirchlichen Ämter aufgegeben hat. Der Abschied vom Bischofsamt in Hannover und vom Vorsitz des Rates der Evangelischen Kirche in Deutschland (EKD) fiel genau so aus, wie man ihn von Margot Käßmann erwartet hatte: kurz, ohne Herumreden um den „schlimmen Fehler", klar, ohne Selbstmitleid und Selbstbeweihräucherung, aber voller Dankesworte an jene, die sie in diesen Tagen unterstützt hatten. Ein würdiger, ein beispielhafter Abschied.

Friedrich Schiller:
» Die Schadenfreude ist's,
wodurch sie sich
an eurem Glück,
an eurer Größe rächen «

Aus „Die Braut von Messina"

Nichts mit diesem Auftritt zu tun haben die Bilder und Kommentare, die Bewertungen und Vergleiche, mit denen auch so genannte Qualitätsmedien den Vorgang zur Staatsaffäre aufbliesen. In einer seltsamen Dialektik wurde das Porträt der Bischöfin in Kirchenfenster montiert *(„Die Zeit")* oder mit einem Heiligenschein versehen *(„Frankfurter Allgemeine Sonntagszeitung")*, ihr samstäglicher Ausflug dafür aus einem bürgerlichen Kneipenviertel in einen

2010

Rotlichtbezirk verlegt. Kommentatoren bezeichneten sie abwechselnd als „gestürzte Heilige" und als „Bischöfin der Herzen", als „höchst gefährliche Alkoholsünderin" und Protagonistin einer „narzisstischen Inszenierung". Überall waberte hochmoralisches Tremolo im Wald der besonders „hoch gehängten ethischen Messlatten".

Und natürlich wurden Rechnungen aller Art aufgemacht. Die Bischöfin habe zu häufig, zu moralisch, zu laut und zu unerbittlich über zu viele Dinge geredet, habe zu oft „Ich" gesagt, habe ihr Privatleben öffentlich dargeboten. Nun habe sie „alle Glaubwürdigkeit verspielt", könne nicht mehr als „moralische Instanz" auftreten. Selbst ihr schnörkelloser Dreiminutenabschied wurde als „treuherziges Eigenlob" attackiert.

Eine religionsphänomenologisch hochinteressante, wenn auch reichlich krude Mischung aus den mulchwarmen Medienküchen tritt hier zutage, die mehr über die Macher aussagt, als sie gerne hätten.

Erste Erkenntnis: Die reformatorische Position vom Priestertum aller Glaubenden, nach der eine Bischöfin lediglich ein Amt ausübt, ansonsten aber ein Mensch wie du und ich bleibt, stört und muss daher quer durch die Schlagzeilen möglichst ausgeblendet werden. Ärgerlich für die Strategen, dass Protestanten wie Günther Beckstein und Friedrich Schorlemmer darauf hinweisen.

Frank Plasberg:
» Margot Käßmann war immer ein kluger und meinungsstarker Gast bei „hart aber fair" – nicht nur deshalb hoffe ich auf ihr Comeback. «

Moderator

Zweite Erkenntnis: Es gibt offenbar unter sich kritisch gebenden Journalisten einen weit verbreiteten Hang zu klebrig kitschreligiöser Fantasie, verbunden mit einer überwunden geglaubten Madonnen-Ikonographie. Margot Käßmann, die niemals auch nur den Anschein vermittelte, eine „Heilige" sein zu wollen, kann für diesen verklemmten Schwurbel nicht verantwortlich gemacht werden.

Dritte Erkenntnis: Das „Anhübschen" macht aus langweiligen persönlichen Fehlern normaler Menschen erst die richtigen Spektakel. Wie man die Bischöfin zur Überfigur hochjubelt, wird das Kneipenviertel zur Rotlichtszene umgedeutet. „Ein bisschen nachhelfen" heißt das, bis der Kontrast stimmt.

Vierte Erkenntnis: Dieselben Redaktionen, die froh und dankbar waren, dass die Bischöfin und Ratsvorsitzende Käßmann im Gegensatz zu vorsichtigeren Amtskollegen frisch und fröhlich auf gestellte Fragen antwortete, statt diplomatische Unschärfe zu produzieren, werfen ihr nun genau dies vor.

Fünftens: Dass sich Margot Käßmann dabei erlaubte, „Ich" zu sagen anstatt „die Kirche" oder „man" oder „unsere Entscheidungsgremien", wird ihr nun als besondere Egozentrik auf die Rechnung geschrieben. Das ist unglaublicher Unsinn. Wer „Ich" sagt, überhöht sich gerade nicht, sondern gibt zu erkennen, dass er seine Äußerungen auf die eigene Kappe nimmt und selbst verantwortet. Der Philosoph Volker Gerhardt in seinem Buch „Individualität. Das Element der Welt": „Man lernt erst, Ich zu sagen, wenn man erfahren hat, dass man ein Du unter vielen anderen ist."

Thomas Schiller:
» Die Medien schreiben Trends und Stars hoch, sie können aber genauso Trends wieder kaputt- und Stars niederschreiben. Die Kirche braucht deshalb keine Stars, sondern Persönlichkeiten. «

Chefredakteur, epd, Frankfurt

Sechstens: Wer aus Fehlverhalten Konsequenzen zieht, wer bereut, zurücktritt, um sein Amt vor Schaden zu bewahren, und dabei um die Gnade Gottes bittet, macht sich verdächtig. Entweder sind es „Botschaften in selbstgerechter Sprache", die man ablässt, oder man bugsiert sich „sehr fein und gekonnt in eine Opferrolle", oder man will nur verhindern, dass „noch Schlimmeres" rauskommt.

So weit, so schlecht. Gar nicht reden sollte man in diesem Fall von den zahlreichen Trittbrettfahrern der B-Kategorie, die mit „Lallelujah" und ähnlichen Witzchen versuchten, sich auf ihre Weise etwas am Feuer des Falles zu wärmen.

Die Causa Käßmann ist kein Einzelfall. Sie entspricht in vielem den üblichen Konstruktionen des öffentlichen Prominentenspiels, beschreibt auf eindrucksvolle Weise, dass es den meisten Medienakteuren weder um Moral geht noch darum, irgendjemanden fertigzumachen. Sie sind weder reflektierende Intellektuelle noch „böse Schreiberlinge". Sie haben nichts gegen die Objekte ihrer Fotomontagen oder so genannten Kommentare, aber auch nichts für sie übrig. Das Spiel gehorcht anderen Gesetzen.

Die einzige Moral, die hier wirkt, ist die des Kapitalismus: Recht hat, wer erfolgreich ist und solange er erfolgreich ist. Recht hat, wer Auflage macht oder Reichweite, auf jeden Fall Umsatz. Ob diese Ziele mit Hohn oder Verehrung, mit Menschenfreundlichkeit oder kalter Ignoranz erreicht werden, ist alleine eine Sache marktorientierten Kalküls. Entscheidend ist die Lufthoheit über den Stamm- und Wohnzimmertischen. Wichtig ist, dass man beizeiten erkennt, welche Rolle noch nicht besetzt ist. Wenn alle „pro" agieren, kann die Kontrarolle ökonomisch die reizvollste sein und umgekehrt.

Worauf man sich bei der Inszenierung des Medienspiels um die Fehltritte von Prominenten eigentlich fest verlassen kann, erwies sich in Sachen Käßmann überraschend als Problem: Die rechte Schadenfreude bei Leserinnen und Zuhörern mochte nicht aufkommen, so süffig die Redakteure und Redakteurinnen auch in die Tasten gegriffen hatten. Nur wenige Menschen in Deutschland haben „befriedigt geschmunzelt" – wie der Kommentator der „Welt" prophezeite –, als sie von Margot Käßmanns Fehler und seinen Folgen Kenntnis nahmen.

Eine Welle der Sympathie und der Achtung für diese Frau wogte durchs Land. Selbst jene bekundeten Anerkennung und Verständnis, die ansonsten mit Kirche und Glauben nicht viel am Hut haben. Auch in der chrismon-Redaktion war die Leser-Resonanz eindeutig und zwar vollkommen unabhängig davon, ob man Margot Käßmanns Rücktritt für erforderlich hielt oder nicht.

KAPITEL 18

Ankommen, um aufzubrechen

Laufend bei sich ankommen

Im Frühsommer 2010 ist Hannover plötzlich bundesweit im Gespräch. „Die Stadt hat einen Lauf – das Phänomen an der Leine“ titelt die Hannoversche Allgemeine Zeitung am 7. Juni. Die Stadt, die von Gottfried Benn als „Rübenacker“ bezeichnet wurde, und der man nachsagt, dass in ihr selbst die fröhlichsten Blumen traurig bleiben. Charismatiker, dessen ist die Welt sich sicher, bringt diese Stadt keine hervor: Landeshauptstadt von Niedersachsen, Kirchentagsstadt zuletzt 2005, Expostadt von 2000.

Diese Stadt jubelt an einem Sonntagnachmittag „ihrer“ Abiturientin Lena Meyer-Landrut zu, die Deutschland erfolgreich beim Eurovision Song Contest in Oslo vertrat, „wo sie aufstieg zum kleinsten gemeinsamen Sonnenstrahl der Republik“, wie die Hannoversche Allgemeine Zeitung schrieb. Am Morgen nach Lenas Triumph in Oslo feiert Margot Käßmann mit 1500 Menschen ihren ersten Gottesdienst nach ihrem Rücktritt in der Marktkirche Hannovers. Wenige Tage später steht Ursula von der Leyen als potenzielle Kandidatin für den zurückgetretenen Bundespräsidenten im Fokus der Aufmerksamkeit, bis nach einigem Hin und Her Niedersachsens Ministerpräsident Christian Wulff zum Kandidaten für die Nachfolge ernannt wird. Gesichter aus Hannover ziehen die bundesweite Aufmerksamkeit auf die Stadt, wo die Menschen an der „langen Leine“ leben.

„Was ist der Grund dafür, dass die Stadt plötzlich Bedeutung weit über Deutschland hinaus erfährt?“, fragt die Hannoversche Allgemeine Zeitung und analysiert: „Betrachtet man die Leben der drei Frauen jüngerer Stadthistorie, erklärt sich ihre Beliebtheit wohl mit der Normalität ihrer Erfahrungen. Margot Käßmann erzählte von Scheidung und Krebserkrankung, sie erkannte ihren Fehltritt und gab Ämter in perfekter Haltung auf, als die katholische Kirche noch nicht einmal verstanden hatte, was die Leute bloß alle hätten mit dem ewigen Missbrauchsgerede. Meyer-Landrut überraschte die Menschen mit ihrer noch so wenig abgebrühten Art. Von der Leyen wird von vielen dafür bewundert, wie sie Beruf und eine achtköpfige Familie organisiert. Alle drei Frauen sind eigene Wege gegangen, haben Erfolg, abgehoben und verbissen erscheinen sie trotzdem nicht. Sie haben vorgemacht, dass auch einem öffentlichen Leben das menschliche Maß nicht fehlen muss. Das wär's auch schon."

Stephan Weil:
» Margot Käßmann hat als Landesbischöfin mit ihrer ganz persönlichen Art vielen Menschen in Hannover und weit darüber hinaus Mut gemacht. Ich bin sicher, dass sie auch ohne das Amt der Landesbischöfin nichts von ihrer Ausstrahlung verlieren wird. «

Oberbürgermeister, Hannover

Das wär´s auch schon. Die Normalität einer Stadt, die den Menschen, die dort leben, gut tut. Eine Normalität, die auch Margot Käßmann als Bischöfin überaus geschätzt und genossen hat. Der verborgene Garten der Bischofskanzlei mitten in der Stadt. Mit dem Fahrrad zum nächsten Einkaufsmarkt fahren, die Sauna ohne großes Aufsehen besuchen. Morgendlich in Anorak, Jeans und Turnschuhen mit dem vierbeinigen Gefährten Ole durch den Maschpark vor dem alten Rathaus streifen. „Ole ist ein Kumpel, bringt Ruhe in mein Leben." Der Husky-Schäferhund-Mix, den Margot Käßmann aus dem Tierheim geholt hat. Eigentlich sollte es eine kleine, helle Hündin sein, aber dann hat Ole sie „weichgeguckt", wie sie sagt. Seitdem weicht er kaum von ihrer Seite, wenn sie zu Hause ist. Und wenn sie dann mit ihm unterwegs ist, wird sie nicht großartig als Prominente beachtet, morgens um halb sieben in Hannover. Und wenn, dann wird lässig gegrüßt: „Moin, Frau Bischöfin!"

So erlebt sie über Jahre auch den Maschsee mit seinem sieben Kilometer langen Rundweg, den sie dreimal in der Woche joggt. Zeiten, die fest im dichten Terminkalender eingeplant und gegen jeden Termindruck von außen verteidigt werden. Anfangs noch mit Ole, bis er dann irgendwann zu altersschwach ist, um noch Schritt halten zu können. Oft wird sie von einer Freundin begleitet.

Zu Beginn ihrer Amtszeit wurde noch diskutiert, ob eine Bischöfin sich in kurzen Sporthosen zeigen darf. Die

2004

Normalität Hannovers hat diese Diskussion einfach zum Schweigen gebracht. Margot Käßmann ist am Maschsee nichts Besonders. Die Leute grüßen, manchmal läuft auch mal jemand eine Strecke mit, aber man lässt sie in Ruhe. Sie empfindet es als Luxus, mitten in der Stadt um den See laufen zu können und die Natur zu beobachten. Jeder Schritt ermöglicht eine hilfreiche Distanz zum Alltag.

Laufen hat für Margot Käßmann dabei etwas Meditatives. „Auf-dem-Weg-Sein ist eine biblische Kategorie. Körperlichkeit ist auch ein Teil von Glaubenserfah-

Martin Kind:

» Dank Margot Käßmanns Persönlichkeit und ihrer Glaubhaftigkeit hat sich die Kirche vielen gesellschaftlichen Gruppen, auch dem Sport, geöffnet. «

Präsident von Hannover 96

Im Garten der Kanzlei

rung." Oft nimmt sie in Gedanken einen Bibelvers mit auf den Weg, meditiert ihn beim Laufen. Sie wünscht sich, dass Kirche und Sport näher zusammenrücken und trägt ihren Teil dazu bei. „Ich laufe manchmal bei Charity-Veranstaltungen, etwa für Schulen. Einige Male bin ich auch den zehn Kilometer langen Pro-Toleranz-Lauf im Rahmen des Hannover-Marathons mitgelaufen. Da sind wir, die Landeskirche, sogar mit einem Team und eigenen Shirts vertreten – mit der Aufschrift „Evangelische Kirche laufend dabei". Außerdem laufe ich fast jedes Jahr eine Etappe beim Nordseelauf, bei dem ich auch Schirmherrin bin. Diesen Acht-Insel-Lauf haben wir gemeinsam mit den Tourismusverbänden als „Lauf gegen Gewalt" ins Leben gerufen".

„Lasst uns ablegen alles, was uns beschwert und lasst uns laufen mit Geduld" *(Hebr. 12,1)* ist einer der Bibelverse, die Margot Käßmann gerne zitiert, wenn es um das Laufen geht. Im Frühsommer 2010 hat Hannover zum zwanzigsten Mal den Marathon rund um den Maschsee ausgerichtet. Margot Käßmann hat nicht mehr teilgenommen als Frontfrau des Kirchenteams. Doch den Luxus, mitten in der Stadt um den See laufen zu können und die Natur zu beobachten, gönnt sie sich auch in diesem Sommer, der anders ist als alle anderen. Und die angeblich durchschnittlich wirkende Stadt an der Leine, in der sie auch im Sommer 2010 so normal sein darf, schenkt ihr mit jedem Lauf eine hilfreiche Distanz zum Alltag.

Margot Käßmann:

» Heimat, das kann ein Ort sein. Beheimatet kann ich in einer Liebe sein. Der Familie. Einer Erinnerung. Einer Kirchengemeinde. Und unser Glaube kann Heimat sein, und mit ihm beheimaten wir uns auch mitten in dieser so vielfältigen, sich so schnell wandelnden Welt. «

Aus „In der Mitte des Lebens"

Zurück im eigenen Revier

„Es gibt noch einen anderen heiligen Vogel mit Namen Phoenix. Ich habe ihn nicht selbst gesehen, nur einen solchen im Bild, und er kommt auch selten zu Besuch, wie die Sonnenstädter sagen, nur alle fünfhundert Jahre." Der Vater der Geschichtsschreibung, Herodot *(490 bis 424 v. d. Zeitenwende)*, hat den Vogel beschrieben, der zur Redewendung geworden ist: „wie Phönix aus der Asche". Ein großes Bild von strahlendem Glanz einer Wiederkehr – es verbietet sich, dies auf die Rückkehr Margot Käßmanns auf die Bühne der Öffentlichkeit anzuwenden, auch wenn der eine oder andere der Versuchung dieses Vergleichs nicht widerstehen konnte. Doch die Stationen München, Stadtallendorf, Gladbeck und auch Hannover Ende Mai und Anfang Juni 2010 lassen trotz allem Ahnungen eines

Ökumenischer Kirchentag, München 2010

Ökumenischer Kirchentag, 2010

Glanzes aufkommen, der an den Phönix erinnert – und es waren beileibe keine 500 Jahre zwischen Rücktritt und der neuen Präsenz in der Öffentlichkeit.

Der Abend des ersten Programmtages beim Münchener Ökumenischen Kirchentag: Die Dämmerung hat sich über die Stadt an der Isar gelegt. Die über 100.000 Teilnehmer suchen nach einem langen Tag voller Gottesdienste, Vorträge und Konzerte nach einem Ort der Ruhe, etwas zu trinken und zu essen. Auch der ökumenische Frauengottesdienst im Münchener Dom „Zu unserer lieben Frau" geht seinem Ende entgegen. Draußen regnet es immer noch und auch im Gottesdienst wurden alle, die mitgefeiert haben, mit Wasser besprengt – Erinnerung an die Sintflutgeschichte und das reine Wasser als Symbol des Lebens. Im

Claus Röck:

»Das politische Geschäft ist ihres nicht, daraus macht sie auch keinen Hehl. Ich glaube, sie würde sich wohler fühlen in einer Libero-Position. Dieses Staatsmännische ist nicht ihr Ding.«

Redakteur Norddeutscher Rundfunk, Hannover

Dom musizieren „Evas Schwestern“ zum Auszug all der Frauen, die beim Gottesdienst mitgewirkt haben. Die weit über 5.000 Gottesdienstgäste sind eingeladen mit zu singen. In den letzten Bankreihen des altehrwürdigen Kirchengebäudes zeigt sich ein für diesen Ort ungewöhnliches, auch manchen Beobachter befremdendes Bild: Frauen stehen auf den Bänken und skandieren: „Mar-got, Mar-got, Mar-got.“ Die ehemalige Bischöfin der hannoverschen Landeskirche und Ratsvorsitzende hat in dem Gottesdienst gepredigt.

Es war ihre fünfte Veranstaltung an diesem ersten Tag, neun weitere werden an den beiden nächsten Tagen folgen. Begonnen hat es am Vormittag mit einer Bibelarbeit zur Sintflutgeschichte: „Guten Morgen in München! Es ist schön, hier zu sein,“ beginnt Margot Käßmann, nachdem der orkanartige Beifall abgeebbt war. Das ist die Melodie des Tages, ein Song von Marius Müller-Westernhagen aus den 90er Jahren: „Ich bin wieder hier, in meinem Revier, war nie wirklich weg, hab mich nur versteckt. Ich rieche

Ökumenischer Kirchentag, 2010

Ökumenischer Kirchentag, 2010

den Dreck, ich atme tief ein und dann bin ich mir sicher, wieder zu Hause zu sein." Es war ihre Rückkehr nach Monaten des öffentlichen Schweigens. Sie kam dorthin zurück, wo sie sich selbst zu Hause fühlt: beim Kirchentag und mit einer Bibelarbeit. Sie spricht von ihrer Gewissheit, dass wir in der „zweitbesten aller Welten" leben, sie spricht von ihrer Hoffnung, die im Regenbogen nach der Sintflutgeschichte ausgedrückt ist, und sie spricht von ihrem Glauben, dass Gott einen unlöslichen Bund mit den Menschen geschlossen hat. Und weil dies Grundlage auch ihres politischen Redens ist, verliest sie die Namen von im Afghanistankrieg gefallenen deutschen und afghanischen Männern.

Damit knüpft sie an die letzte große gesellschaftliche Debatte an, die sie mit

» Ich bin wieder hier,
in meinem Revier,
war nie wirklich weg, hab
mich nur versteckt.
Ich rieche den Dreck,
ich atme tief ein
und dann bin ich mir sicher,
wieder zu Hause zu sein. «

Aus dem Song „Wieder hier" von
Marius Müller-Westernhagen

Buchpräsentation, München 2010

ihren Predigten in der Weihnachtszeit ausgelöst hat. Darauf wird sie in den Tagen in München noch öfters zurückkommen, weil sie überzeugt ist, dass der evangelische Glaube verpflichtet, sich überall dort einzumischen, wo die Würde des Menschen, sein Leben, seine Unversehrtheit, in Gefahr ist. Dabei wird sie auch deutlich machen, wie zermürbend die Debatte zu Beginn des Jahres war. Nur ein Satz wurde aus ihrer Predigt gefischt – „nichts ist gut in Afghanistan" – und nicht der theologische Zusammenhang, in dem sie diesen Satz gesagt hat. Genau so wird sie während des Christentreffens in München auch ihre anderen Themen aufgreifen: die Rolle der Frau in der Gesellschaft, die wichtige Funktion der Ehrenamtlichen in der Kirche , die besondere Bedeutung der Kinder für die Zukunft und – gerade bei dem Gottesdienst im katholischen Dom – auch die Familienplanung, die für viele Frauen befreiende Wirkung haben kann. Sie ist wieder in ihrem Element und weist aus ihrer lebensnahen, pragmatischen Frömmigkeit und ihrem theologischen Denken heraus auf gesellschaftliche Missstände hin.

Der österreichische katholische Theologe Paul Zulehner beschreibt dies am Ende des Kirchentags in einem Interview im Norddeutschen Rundfunk auch als ökumenische Provokation: „Das kann die Frau Margot Käßmann hervorragend, glaube ich, sie provoziert Politiker, sie provoziert andere, sie provoziert manchmal auch sich selber, habe ich den Eindruck, und ist dann auch selber ein bisschen depressiv am Schluss." Ob sein Eindruck vom Schluss stimmt, bleibt offen. Larmoyant klingt es nicht, wenn die hannoversche Pastorin bei ihren Vorträgen immer wieder in kurzen Nebensätzen auf ihren selbst verschuldeten Fehler hinweist, aber auch feststellt, dass mit ihrer Rücktritterklärung dazu alles gesagt sei. Paul Zulehner kann sich dem auch nicht verschließen: Sie habe Wirkung weit über die Grenzen der evangelischen Kirche hinaus. Auch eine Bischöfin dürfe Fehler machen, „aber trotzdem hat sie dann den Ehrentitel gekriegt, ‚die Bischöfin der Herzen'. Und das muss man erst einmal kriegen, einen solchen Ehrentitel," sagte er im Interview mit NDR Kultur.

Nikolaus Schneider:
» Margot Käßmann liegt viel an einer alltagstauglichen Theologie, die Zugang in die Mitte des Lebens vieler Menschen findet. So werden die Höhen und Tiefen des Lebens zusammengefügt in ein vollständiges Bild vom Menschen. «

Präses der Evangelischen Kirche im Rheinland und Vorsitzender des Rates der EKD

Nach Vortrag, Bibelarbeit oder Podiumsdiskussion immer die gleiche Reaktion: Menschen, vornehmlich Frauen, kommen nach vorne zum Podium, bestürmen Margot Käßmann. Sie wollen nicht nur das Autogramm in das soeben erworbene Buch, sondern sie einmal berühren, kurz ein Wort mit ihr wechseln: „Frau Käßmann, machen Sie weiter!" Alle Distanz zur ehemaligen Bischöfin soll aufgehoben werden. Die Helfer des Kirchentages und ihr Team versuchen immer wieder einen Kreis um sie zu schließen, um ein wenig Ordnung in das Chaos zu bringen, doch die Begeisterten erklären die Theologin zum Popstar, der nach jeder Veranstaltung frenetisch gefeiert wird. Margot Käßmann nimmt das in einer Mischung aus Dankbarkeit und ungläubigem Staunen, manchmal auch leichtem Erschrecken vor diesem Zuspruch wahr. Das hat einen anderen Charakter als die Rückmeldungen vergangener Jahre.

„Nach München brauche ich erst mal Zeit, um zu sortieren, was hier gerade passiert", sagt sie zwischen zwei Veranstaltungen. Der Kult um ihre Person wird von manchen – auch öffentlich in den Medien – kritisiert – doch wer veranstaltet ihn? Ihr Rücktritt hat ihr eine Aura der

Glaubwürdigkeit verliehen. Und der Verlust der Ämter hat ihr neue Freiheit geschenkt, wie sie selbst in einer Podiumsdiskussion feststellt.

Das wiederholt sich nicht nur in den Tagen in München, sondern auch bei Veranstaltungen in Stadtallendorf (Hessen) oder in Gladbeck, die sie nach dem ökumenischen Christentreffen besucht. Auch bei der ersten Predigt in „ihrer" Marktkirche in Hannover Ende Mai gibt es den frenetischen Beifall und den scheinbar unstillbaren Wunsch nach persönlichem Kontakt. Die Medien feiern sie, obwohl sie sich bis Ende Juni allen Interviewwünschen entzieht. Jedes ihrer Worte wird kritisch geprüft, und wenn sie – wie etwa in Gladbeck – auch nur in einer Nebenbemerkung zur aktuellen politischen Situation etwas sagt, schafft sie es damit auf die Titelseiten, und ihr wird gleich eine neue politisch-gesellschaftliche Aktivität unterstellt. So titelt der Berliner Kurier am Tag nach dem Vortrag in Gladbeck über fast die gesamte erste Seite, dass die ehemalige Bischöfin zum Widerstand gegen das Sparpaket aufrufe. Im Artikel auf der zweiten Seite ist die Äußerung der Bischöfin – angemessen – gerade mal einen halben Abschnitt wert.

Am Ende des ersten Tages, zurück in der Öffentlichkeit nach dem ökumenischen Frauengottesdienst im Münchener Dom, steht das Auto direkt an der Tür, aus der die Mitwirkenden den Gottesdienst verlassen. „Ich steige im Talar in den Wagen, holt jemand meinen Mantel aus der Sakristei", fragt sie ihr Team. Sie möchte nicht noch mal in die Menge. Zurück bleibt eine Frau mit einer Tüte in der Hand: „Ich wollte ihr doch einen Engel überreichen." Eine aus dem Team nimmt die Tüte entgegen und verspricht, Margot Käßmann den Engel zu geben: „Er ist voller Energie," weiß die Schenkende. Es ist nicht der einzige Engel, der ihr in den fünf Tagen in München geschenkt wird.

Jürgen Schneider:
Margot Käßmann hat sich mit ihrer ganzen Person eingebracht. Sie hat sich viel zugetraut und viel zugemutet, auch über ihre Kräfte hinaus. Und sie hat manches der Landeskirche zugemutet – und diese ihr auch. «

Präsident der Landessynode, Evangelisch-lutherische Landeskirche Hannovers

Die Bitte

Die Bitte

Wir werden eingetaucht
Und mit dem Wasser der Sintflut gewaschen,
wir werden durchnässt bis auf die Herzhaut

Der Wunsch nach der Landschaft
Diesseits der Tränengrenze
Taugt nicht,
der Wunsch, den Blütenfrühling zu halten,
der Wunsch, verschont zu bleiben, taugt nicht.

Es taugt die Bitte,
dass der Sonnenaufgang die Taube
den Zweig vom Ölbaum bringe.
Dass die Frucht so bunt wie die Blüte sei,
dass noch die Blätter der Rose am Boden eine leuchtende Krone bilden.

Und dass wir aus der Flut,
dass wir aus der Löwengrube und dem feurigen Ofen immer versehrter
und immer heiler stets von neuem zu uns selbst entlassen werden.

Hilde Domin

Lebenslauf

Margot Käßmann, geb. Schulze

3.6.1958	geboren in Marburg/Lahn (Hessen) Vater: Kfz-Meister, Mutter: Krankenschwester zwei ältere Schwestern und ein als Säugling gestorbener älterer Bruder aufgewachsen im nahe gelegenen Stadtallendorf
1974/1975	einjähriger Schüleraustaustausch als ASSIST-Stipendiatin an der Hotchkiss School im US-Bundesstaat Connecticut im Februar 1975 stirbt der Vater in Deutschland
1977	Abitur an der Elisabethschule in Marburg
1977-1983	Studium in Tübingen, Edinburgh, Göttingen und Marburg mit einem Stipendium des Evangelischen Studienwerks Villigst
1978	Teilnahme an mehrwöchigen archäologischen Grabungen in Israel
1983	1. Theologisches Examen
1981	Eheschließung mit Eckhard Käßmann, Theologe
1982	Geburt der ersten Tochter Sarah
1983-1985	Vikariat in Wolfhagen (Hessen)
1983	als Jugenddelegierte der Evangelischen Kirche von Kurhessen-Waldeck wird sie in Vancouver (Kanada) in den Zentralausschuss des Ökumenischen Rates der Kirchen (ÖRK) gewählt
1985	2. Theologisches Examen, Ordination zur Pfarrerin
1985-1990	gemeinsame Pfarrstelle mit Ehemann Eckhard in der Kirchengemeinde Frielendorf-Spieskappel (Hessen)
1986	Geburt der Zwillinge Hanna und Lea Arbeit an der Dissertation zum Thema „Armut und Reichtum als Anfrage an die Einheit der Kirche"
1989	Promotion bei Prof. Dr. Konrad Raiser an der Ruhr-Universität Bochum
1990-1992	Beauftragte für den Kirchlichen Entwicklungsdienst der Evangelischen Kirche von Kurhessen-Waldeck Lehraufträge für Ökumene an der Kirchlichen Hochschule Leipzig und an der Evangelischen Fakultät der Philipps-Universität in Marburg

1991	Geburt der jüngsten Tochter Esther
1991-1998	Wahl in den Exekutivausschuss des ÖRK in Canberra (Australien)
1992-1994	Studienleiterin an der Evangelischen Akademie Hofgeismar (Hessen) Generalsekretärin des Deutschen Evangelischen Kirchentages in Fulda
1999	am 5. Juni: Wahl zur Landesbischöfin der Evangelisch-lutherischen Landeskirche Hannovers am 4. September: Einführung in das Amt der Landesbischöfin in der hannoverschen Marktkirche
2001-2004	Mitglied im Rat für Nachhaltige Entwicklung, der die Bundesregierung in Fragen der Nachhaltigkeit berät
2002	Aufgabe ihrer Ämter im ÖRK aus Protest gegen ein „Kompromisspapier". Es sieht u.a. vor, ökumenische Gottesdienste durch Andachten zu ersetzen, und es legt ordinierten Frauen den Verzicht auf gottesdienstliche Handlungen nahe, um die orthodoxen Kirchen nicht zu provozieren
27.11.2002	Verleihung der Ehrendoktorwürde des Fachbereichs Erziehungswissenschaften der Universität Hannover
2003	Wahl in den Rat der Evangelischen Kirche in Deutschland (EKD) bei der Synode in Trier
2006	Brustkrebserkrankung im August. Sie nimmt nach zwei Monaten Auszeit am 31. Oktober ihren Dienst wieder auf „Frau des Jahres 2006" des TV-Magazins „Funk Uhr"
2007	Trennung und Scheidung von Ehemann Eckhard Verleihung des Großen Bundesverdienstkreuzes durch Bundespräsident Horst Köhler am 28. OktoberWahl zur Ratsvorsitzenden der EKD in Ulm
24.02.2010	Rücktritt vom Amt der Landesbischöfin und der Ratsvorsitzenden

Team der Bischöfinnenkanzlei, 2009

Wir sagen Danke!

Silvia Mustert und Christof Vetter, im Juni 2010

Dieses Buch wäre nicht entstanden, wenn nicht viele Menschen uns bei diesem Vorhaben unterstützt hätten, denen wir an dieser Stelle unseren Dank für ihr großes Engagement aussprechen möchten. Da sind natürlich zuerst unsere Mitautorinnen und Mitautoren zu nennen: Ulrike Millhahn, Joachim Frank, Diana Schild und Paul Dalby. Wir danken außerdem Arnd Brummer und Stefan Heinze, die uns freundlicherweise ihre Beiträge aus anderen Publikationen zur Verfügung gestellt haben.

Wir wollten möglichst viele Menschen zu Wort kommen lassen, deshalb sind im Buch viele „Originaltöne" und „Zitate" zu finden. Hier gilt unser Dank vor allem Diana Schild, die uns als Rechercheurin und „Zitatesammlerin" einen unschätzbaren Dienst erwiesen hat, aber auch allen, die bereit waren, uns ihre Voten zu geben.

Hannes Schoeb vom Kirchenamt der EKD hat für uns jede gewünschte Presserecherche umgehend erledigt. Vielen Dank dafür. Genauso an Silke Römhild von der Pressestelle der EKD, die uns mit ihrer substantiellen und zielorientierten Kritik eine hochgeschätzte Ratgeberin war.

Sandra Immoor stand uns trotz knapper Zeit für ein Interview zur Verfügung, wofür wir uns an dieser Stelle noch einmal herzlich bedanken möchten. Danke für die große Hilfsbereitschaft und das Engagement von Daniela Schreiter aus der Bischöfinnenkanzlei der hannoverschen Landeskirche, die unermüdlich Originaltexte recherchierte. Darüber hinaus war es Stefan Kiefer, der uns immer wieder ermutigt und zeitlich entlastet hat.

Abschließend möchten wir den Fotografen für die Fotos danken, zuerst und vor allem Jens Schulze für seinen unermüdlichen Einsatz. Die Mediengestalterin Sybille Felchow begeisterte uns mit ihren klaren und den Inhalten entsprechenden Gestaltungsvorschlägen und dem Lutherischen Verlagshaus gilt ein Dank für die Umsetzung unserer Arbeit.

Der besondere Dank gebührt Margot Käßmann selbst, die sich auf dieses Vorhaben eingelassen, zu jedem Kapitel eine Einleitung geschrieben und uns auf dem Weg von der Idee bis zum Text begleitet hat.

Breit-Keßler, Susanne/Dennerlein, Norbert (Hg.): Stay wild statt Burn out. Leben im Gleichgewicht, Gütersloh 2009

Domin, Hilde: Die schwersten Wege. Aus: dies., Gesammelte Gedichte, Frankfurt a.M. 1987

Domin, Hilde: Nur eine Rose als Stütze. Aus: dies., Gesammelte Gedichte, Frankfurt a.M. 1987

Domin, Hilde: Bitte. Aus: dies., Gesammelte Gedichte, Frankfurt a.M. 1987

Donner, Herbert: Geschichte des Volkes Israel und seiner Nachbarn in Grundzügen, Von den Anfängen bis zur Staatenbildungszeit, Grundrisse zum Alten Testament Bd. 4/1, Göttingen, 4. Auflage, 2007

Kaschnitz, Marie Luise: Auferstehung. Aus: dies., Überallnie. Ausgewählte Gedichte 1928-1965, Berlin 1965

Käßmann, Margot: Gewalt überwinden. Eine Dekade des Ökumenischen Rates der Kirchen, Hannover 2001

Käßmann, Margot: Auf gutem Grund, Standpunkte und Predigten, Hannover 2002

Käßmann, Margot: Kirche in gesellschaftlichen Konflikten. Kirchenleitende Predigten, Stuttgart 2003 (vergriffen)

Käßmann, Margot: Ökumene am Scheideweg. Wohin steuert die ökumenische Bewegung?, Hannover 2003

Käßmann, Margot: Mit Herzen, Mund und Händen. Spiritualität im Alltag leben, Gütersloh 2007

Käßmann, Margot (Hrsg.): 5 Minuten mit dem lieben Gott, Neukirchen-Vluyn 2008

Käßmann, Margot: Mütter der Bibel. 20 Porträts für unsere Zeit, Freiburg i. Br. 2008

Käßmann, Margot: In der Mitte des Lebens, Freiburg i. Br. 2009

Käßmann Margot: Du darfst, Einfach Evangelisch, Bd.I, Hannover, 2. Auflage, 2010

Käßmann, Margot: Das große Du, Einfach Evangelisch, Bd.III, Hannover, 3. Auflage, 2010

Käßmann, Margot: Freiheit, Hannover 2010

Käßmann, Margot: Fantasie für den Frieden oder selig sind, die Frieden stiften, Frankfurt a. M. 2010

Käßmann, Margot: Erziehen als Herausforderung, Freiburg i.B., 5. Auflage, 2010

Marti, Kurt: Der Rat der Rose, Leonberg-Warmbronn 1986

Mustert, Silvia/Vetter, Christof (Hg.): Selig sind... Die Seligpreisungen, Hannover 2009

Internet

Oxen, Kathrin: Predigt über 2. Mose 15, 20f., www.predigtpreis.de

Dazu unzählige Artikel aus Tageszeitungen und Wochenzeitschriften sowie die kaum zu überschauende Vielfalt der Internetseiten mit Texten von und über Margot Käßmann auf www.ekd.de, www.evlka.de sowie www.evangelisch.de und unter vielen anderen Adressen.

Seite 9 Mary Roos, „Aufrecht geh`n"
Musik: Michael Reinecke
Originaltext: Michael Kunze
© 1984 by Edition Rotfuchs Michael Reinecke & Alexander Menke GbR
© 2010 by Peermusic (Germany) GmbH

Seite 56 Kurt Marti, Der Rat der Rose
In: Kurt Marti, Namenszug mit Mond. Gedichte. Werke Band 5
© 1996 Nagel & Kimche im Carl Hanser Verlag München

Seite 129 „Ich liebe das Leben"
M + T: Leandros, Leo / Munro, Klaus
© 1975 by Hanseatic Musikverlag GmbH & Co KG

Seite 153 Marie Luise Kaschnitz, Auferstehung: Überallnie. Ausgewählte Gedichte 1928-1965
© 1965 Claassen Verlag in der Ullstein Buchverlage GmbH, Berlin

Seite 174/175 Hilde Domin, Die schwersten Wege. Aus: dies., Gesammelte Gedichte
© S.Fischer Verlag GmbH, Frankfurt am Main 1987

Seite 179 Arno Pötzsch, EG Niedersachsen/Bremen 533: Du kannst nicht tiefer fallen,
Text: Arno Pötzsch 1941
© Rechtsnachfolge Arno Pötzsch

Seite 182 „Dieser Weg"
M: Naidoo, Xavier / Eecke, Philippe van
T: Naidoo, Xavier
© 2005 by Hanseatic Musikverlag GmbH & Co KG and Edition Wortgewandt

Seite 183 Hilde Domin, Nur eine Rose als Stütze. Aus: dies., Gesammelte Gedichte
© S.Fischer Verlag GmbH, Frankfurt am Main 1987

Seite 211 Marius Müller-Westernhagen, „Wieder hier"
Musik und Text: Marius Müller-Westernhagen
© 1998 by Edition 97 der Kick Publishing GmbH
Adm. by EMI Music Publishing Germany GmbH

Seite 215 Hilde Domin, Bitte. Aus: dies., Gesammelte Gedichte
© S.Fischer Verlag GmbH, Frankfurt am Main 1987